Monika Wegler

Hunde
richtig pflegen und verstehen

Experten-Rat für die
artgerechte Haltung

Farbfotos: Monika Wegler
Zeichnungen:
György Jankovics

W0171373

GU GRÄFE
UND
UNZER

Inhalt

Vorhergehende Doppelseite: Ein Chow Chow und ein Berner Sennenhund sind die Eltern dieses Mischlings. Er ist 4 Monate alt. Nebenstehende Zeichnung: Dackel beim Männchen machen.

Vorwort

Ein Hunde kommt ins Haus und soll Mitglied einer Lebensgemeinschaft werden. Doch bis Hund und Mensch sich so verstehen, daß von einer glücklichen Mensch-Hund-Beziehung gesprochen werden kann, vergeht einige Zeit. In dieser Phase können Fehler gemacht werden, die später nur schwer zu korrigieren sind. Deshalb sollte jeder Hundefreund wissen, wie man einen Hund von Anfang artgerecht hält.
Die Autorin Monika Wegler erklärt in diesem GU Tier-Ratgeber Schritt für Schritt, was ein Hund alles braucht, um sich zu einem selbstbewußten, gehorsamen Hund zu entwickeln. Dieses Lernprogramm ist so konzipiert, daß es Herrchen/Frauchen und Hund gleichermaßen Spaß macht.
Auf Praxis-Seiten wird in Wort und Bild erklärt, was sonst noch zur erfolgreichen Hundehaltung gehört. So das wichtige Thema »Wie wird der Hund stubenrein«, außerdem die tägliche Pflege, die artgerechte Ernährung, Regeln für die Gesunderhaltung – und nicht zuletzt das Verstehenlernen der Hundesprache.
Und allen, die sich gerade einen Hund anschaffen wollen, hilft der GU Welpentest, das Wesen des Welpens vor dem Kauf besser kennenzulernen.
Kompetenter Rat, informative Zeichnungen und Spitzenfarbfotos, die alle von der Autorin aufgenommen wurden, machen dieses Buch zu einem unentbehrlichen Begleiter für alle Hundehalter.
Viel Freude mit Ihrem Hund wünschen Ihnen die Autorin und die GU Naturbuch-Redaktion.

Dein Hund, Dein bester Freund – doch die Freundschaft will erobert werden. Eine liebevolle, aber konsequente Erziehung gehört ebenso dazu wie eine hundegerechte Ernährung und das Verständnis für die Verhaltensweisen des Vierbeiners, der ja immerhin vom Wolf abstammt.

Beachten Sie bitte die »Wichtigen Hinweise« auf Seite 63!

Ratschläge für die Anschaffung

Paßt ein Hund in Ihr Leben?
Jahrhundertelange Domestikation hat den Hund geprägt und auf den Menschen fixiert. »Sein« Mensch ist alles, was er hat: Ernährer, Rudelführer, Familie. Dies bedeutet für jeden, der einen Hund in sein Leben aufnimmt: Ein Hund kostet Arbeit, Zeit und Geld. Er muß liebevoll erzogen und so gehalten werden, daß er sich wohlfühlt. Dazu muß man wissen, was der Hund vom Menschen erwartet und was man selbst vom Hund erwarten kann. Nur so kann die schöne, einzigartige Beziehung zwischen Mensch und Hund entstehen.
Wichtig sind auch diese Fragen:
● Sind Sie bereit, sich 10 bis 15 Jahre lang (so lange kann ein Hund leben), dem Tier täglich 2 bis 3 Stunden zu widmen?
● Läßt sich Hundehaltung mit Ihrer beruflichen und familiären Situation vereinbaren? Ein Hund darf täglich nicht länger als 4 Stunden alleine sein.
● Wer sorgt für den Hund, wenn Sie krank sind?
● Können Sie sich einen Hund leisten? Zubehör, Futter, Tierarzt, Steuer, Versicherung kosten jährlich (je nach Rasse) 1.000,– bis 3.000,– DM.
● Erlaubt der Vermieter Hundehaltung in der Wohnung?
● Sind alle in der Familie mit der Anschaffung eines Hundes einverstanden? Ein Hund sollte nie allein auf Wunsch eines Kindes ins Haus kommen.
● Ist ein Familienmitglied allergisch gegen Hundehaare? Im Zweifelsfall vor der Anschaffung den Arzt fragen!

Boxer, 6 Wochen alt – ein liebenswerter, temperamentvoller Familienhund, der mit sehr viel Lob, aber konsequent erzogen werden muß.

Welcher Hund paßt zu Ihnen?
Die vielen Hunderassen – oder deren Mischungen – unterscheiden sich nicht nur im Aussehen, sie sind auch vom Wesen und vom Temperament her ganz unterschiedlich. Daher sind folgende Überlegungen wichtig:

Rasse oder Mischling?
Es ist unbedingt nötig, sich über die Rasse genau zu informieren oder beim Mischling sich ein Bild über die Eltern des Hundes zu verschaffen.
Der Mischlingshund: Es gibt etwa 400 Hunderassen, und doch entscheiden sich viele Hundefreunde für einen Mischling. Hauptargument – neben dem niedrigen Kaufpreis: »Der Mischling ist intelligenter, gesünder und hat ein netteres Wesen.« Das stimmt und stimmt auch wieder nicht; auch ein Mischling kann Krankheiten vererbt bekommen haben oder Wesenszüge in sich tragen, die später Probleme bereiten. Wenn man die Eltern des Mischlings nicht kennt, ist man vor Überraschungen nicht sicher.
Der Rassehund: Hier weiß man besser, was auf einen zukommt: Aussehen und Wesen wurden über Generationen durch selektive Zucht geprägt. Informieren Sie sich aber unbedingt, zu welchem Zweck die Rasse ursprünglich gezüchtet und eingesetzt wurde, denn

Zwei, die sich mögen.
Kromfohrländer-Hündin mit ihrem Jungen, das gerade 4 Wochen alt ist.

Kauknochen aus Büffelhaut und Vollgummiring sind ideale Spielsachen für Hunde.

dies beeinflußt noch immer Wesen und Bedürfnisse des Hundes. Der Dackel zum Beispiel wurde ursprünglich zur Jagd gezüchtet. Er wird zwar auch heute noch als Jagdhund eingesetzt, ist aber auch einer der beliebtesten Familienhunde. Als Jagdhund ist es seine Aufgabe, in den Dachs- oder Fuchsbau zu kriechen – dazu braucht er Mut und Eigenständigkeit. Die »Eigenwilligkeit«, die zu den hervorragendsten Eigenschaften des kleinen Kerls gehört, hat sicher damit zu tun. Aber gerade dies bereitet so manchem Dackelbesitzer Schwierigkeiten bei der Erziehung. Beachten Sie auch: Bei der Zuchtauswahl sind manchmal »Schönheit« und exotische Rassemerkmale die wichtigsten Kriterien, für die man sogar gesundheitliche Beeinträchtigungen in Kauf nimmt: So gibt es Rassen, bei denen Hüftgelenkprobleme oder Augenkrankheiten vorprogrammiert sind. Wichtig: Ob Rasse- oder Mischlingshund, überlegen Sie, welche Eigenschaften Ihnen besonders wichtig sind: Soll der Hund ein geduldiger Spielkamerad für Kinder sein, unermüdlicher Mitläufer bei Fahrradtouren oder ein niedlicher Schoßhund? Erkundigen Sie sich (beim Besitzer des Welpen, beim Rasseclub oder in der Fachliteratur), ob der Hund wirklich die Eigenschaften hat, die Sie erwarten. Wissen muß man auch, daß nicht jeder kleine Hund ein sanftes Schoßhündchen ist. Der Yorkshire-Terrier besitzt als ehemaliger Rattenfänger ein besonders dominantes Wesen. Deshalb braucht dieser Winzling eine genauso konsequente Erziehung wie ein großer Hund. Hinweis: Je größer der Hund, desto größer sein Platzanspruch und meist auch sein Bewegungsbedürfnis. Eine Dogge oder einen Afghanen in einer Einzimmerwohnung zu halten, ist Tierquälerei.

Hündin oder Rüde?

Die Hündin gilt allgemein als anhänglicher und leichter zu erziehen als der Rüde. Problematisch für viele Hundehalter ist die Läufigkeit, die etwa alle 6 Monate eintritt (→ Seite 54). Da die Rüden der ganzen Umgebung in dieser Zeit ihr unverhohlenes Interesse zeigen, werden die Spaziergänge oft zur Tortur. Schließlich gilt es zu verhindern, daß die Hündin ungewollt trächtig wird. Durch Kastration (→ Seite 55) lassen sich diese Probleme vermeiden.

Rüden sind rauflustiger als Weibchen, da sie sich anderen Rüden gegenüber behaupten wollen. Und wenn sie eine läufige Hündin in der Nase haben, gibt es nichts, was sie hindert, den Weg zu ihrer Angebeteten zu suchen.

Woher Sie Ihren Hund bekommen

Im Zoofachhandel oder in den Zoofachabteilungen großer Kaufhäuser: Ein guter Zoofachhändler wird Hunde nicht im Schaufenster anbieten. Er wird Sie beraten und Ihnen bei der Vermittlung eines gesunden Hundes helfen.
Beim Züchter: Adressen erhalten Sie beim VDH (Verband für das Deutsche Hundewesen, Adresse → Seite 63).
Bei Hobbyzüchtern und Hundehaltern, die keinem Verband angeschlossen sind: Die Welpen werden meist in den Tageszeitungen unter der Rubrik »Tiermarkt« angeboten. Sehr kritisch prüfen.
In Tierheimen und bei privaten Tierschutzorganisationen: Sich hier einen Hund auszusuchen, ist eine lobenswerte Entscheidung. Überfordern Sie sich aber nicht! Je länger der Hund im Tierheim gelebt hat und je älter er ist, desto problematischer kann er in seinem Verhalten sein. Hier ist viel Erfahrung mit Hunden notwendig. Bitte beachten Sie dazu unbedingt die »Wichtigen Hinweise« auf Seite 63!

Nicht kaufen sollten Sie bei »Züchtern« oder Händlern, die viele Rassen gleichzeitig anbieten, die nicht die Mutter des Welpen vorzeigen können oder die über die Herkunft der Hunde nur vage Angaben machen. Die Hunde stammen oft aus Importen oder Massenvermehrungsanstalten und sind häufig kränklich oder verhaltensgestört.

Den Welpen richtig auswählen

Ihr Charme ist unwiderstehlich! Wenn sie so dahertapsen auf den viel zu großen Pfoten und einem ein feuchtes Bussi ins Gesicht drücken, möchte man sie am liebsten alle mitnehmen. Lassen Sie sich aber nicht nur von Gefühlen leiten, sondern seien Sie kritisch und beachten Sie bitte folgendes:

So nimmt man Welpen und kleine Hunde richtig hoch: Mit der einen Hand unter die Vorderpfoten fassen, mit der anderen stützend unters Hinterteil greifen.

Wie und wo der Welpe aufwächst:
Man weiß heute aus der Verhaltensforschung, daß die ersten 12 Lebenswochen für die Entwicklung des Hundes entscheidend sind. Schauen Sie sich deshalb an, in welcher Umgebung der Welpe aufwächst und welchen Kontakt er zu Menschen hat. Ein Hund, der nur im Zwinger groß wird und keine oder gar schlechte Erfahrungen mit Menschen hat, wird später scheu, furchtsam und mißtrauisch bleiben. Ein guter Züchter zieht daher die Welpen im Haus auf. Wer sich einen Familienhund wünscht, muß besonders darauf achten, daß der Hund in der Familie mit Kindern und Besuch aufwächst. So gewöhnt er sich von klein auf an den im Familienalltag üblichen Lärmpegel und lernt dabei zum Beispiel, daß er vor einem brummenden Staubsauger nicht zu erschrecken braucht.
Wichtig: Suchen Sie Ihren Welpen frühzeitig aus, besuchen Sie Mutter und Hundekinder öfter, um die Entwicklung der Kleinen zu beobachten (→ Welpentest, Seite 8 und 9).
Die Elterntiere: Die Hundemutter soll im Wesen freundlich und ausgeglichen sein. Wenn Sie etwas über den Vater erfahren können, umso besser.
Ob der Welpe gesund ist, können Sie so erkennen:
• Das Fell ist dicht und glänzend, frei von kahlen Stellen, Verkrustungen und Parasiten.
• Die Augen sind klar und nicht eitrig oder tränend.
• Der After ist nicht mit Kot verschmiert.
• Die Ohren sind sauber und nicht verkrustet.
• Der Körper ist wohlproportioniert, nicht zu dürr, nicht zu dick – ein prall gefülltes Bäuchlein nach dem Fressen ist beim Welpen normal.

Herzig, lieb und so richtig zum Knuddeln sind alle Welpen, doch sollten Sie sich beim Kauf eines Hundes nicht allein vom Gefühl leiten lassen. Je besser Sie über die Herkunft und Entwicklung des Welpen Bescheid wissen, desto eher ersparen Sie sich Kummer und Enttäuschungen.

PRAXIS
Welpentest

Für den Anfänger am besten geeignet ist ein ausgeglichener, wesensfester Hund, der weder überängstlich noch zu forsch und draufgängerisch ist. Dieser spielerische Test soll Ihnen helfen, einen Welpen zu finden, der die besten Voraussetzungen mitbringt, ein Hund zu werden, der ein gesundes Selbstbewußtsein besitzt, aber dennoch umgänglich und gut zu erziehen ist.
<u>Wichtig:</u> Denken Sie bei diesem Test auch an die Gemütslage des Hundes, vielleicht will er gerade fressen oder schlafen oder ist überhaupt nicht zum Mitmachen aufgelegt.

1. Test: Beobachten im Rudel

Besuchen Sie Ihren zukünftigen Hund öfter und verfolgen Sie mit Hilfe dieses Tests die Entwicklung Ihres Hundes:
Setzen Sie sich ruhig hin und schauen Sie sich an, wie die

Dackel mit »Unschuldsmiene«.

Welpen miteinander umgehen. Daß sie sich zwicken und beißen, sagt gar nichts über ihr Wesen aus, das ist sogar ein wichtiger Bestandteil ihrer Entwicklung. Bei diesen Raufspielen und Knuffereien üben die Hunde den Umgang miteinander. Sie lernen dabei zum Beispiel, daß Beißen Schmerz bereitet, und daß Aufjaulen ein Signal zum Loslassen ist. Nur so lernen sie die sogenannte Beißhemmung.
Beobachten Sie, wer der Boss im Rudel ist. Dieser Hund wird sich auch später gegen Sie behaupten wollen. Der Gegensatz zum Boss ist der Kümmerling, den es in fast jedem Wurf gibt. Er steht meist abseits, zeigt sich ängstlich und ist auch manchmal körperlich nicht seinem Alter entsprechend entwickelt. Als Hundeanfänger sollten Sie sich weder für den Boss noch für den Kümmerling entscheiden. Um extremes Verhalten eines Bosses oder eines Kümmerlings zu korrigieren, benötigt man nämlich sehr viel Hundeerfahrung. Mit Liebe allein ist es nicht getan.

2. Test: Reagieren auf den Menschen

Diesen Test sollten Sie frühestens ab der 4. Woche machen. Gehen Sie auf die jungen Hunde zu. Weichen die Kleinen erschreckt zurück, dann haben sie schlechte Erfahrungen mit Menschen gemacht. Das Vertrauen solcher Hunde zu gewinnen, ist nicht ganz einfach.

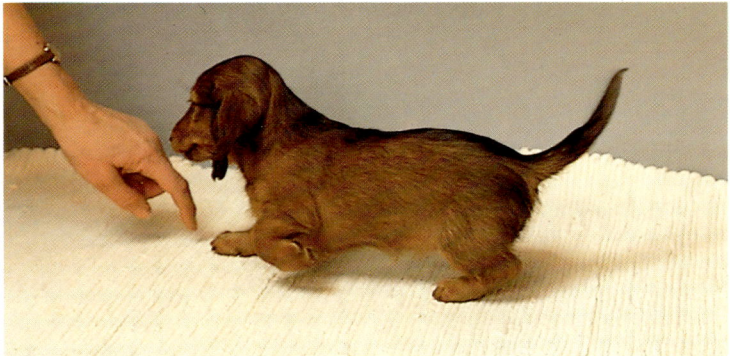

Neugierig sollte der Welpe herankommen, wenn man ihn lockt.

Ein gutes Zeichen ist es, wenn sich die Welpen abwartend oder vielleicht sogar schon neugierig verhalten. Machen Sie dann den nächsten Testschritt: Gehen Sie in die Hocke und locken Sie die Hunde mit sanfter Stimme. Gesund entwickelte Welpen werden freudig auf Sie zustürmen und Sie begrüßen. Meistens wird der Rudelboss voranstürmen, während die ängstlicheren mehr oder weniger zögernd herankommen.

3. Test: Beobachten eines einzelnen Welpen

Dieser Test ist erst ab der 6. Lebenswoche sinnvoll. Nehmen Sie den Welpen, den Sie aufgrund der vorangegangenen Beobachtungen im Rudel und beim Reaktionstest ausgesucht haben, aus dem Rudel heraus und tragen Sie ihn in einen Raum, der dem Hund neu ist. Kümmern Sie sich nicht um ihn, lassen Sie ihm vor allem viel Zeit. Erforscht er den Raum neugierig, zeigt er ein gesundes Verhalten. Bleibt er ängstlich sitzen oder verkriecht er sich gar in eine Ecke, dann wird dieser Hund wahrscheinlich auch später zögernd und ängstlich an neue Situationen herangehen.

4. Test: Den einzelnen Welpen herbeilocken

Machen Sie diesen Test im Anschluß an Test 3: Nachdem Sie den Welpen eine Weile beobachtet haben, versuchen Sie ihn herbeizulocken. Gehen Sie dazu in die Hocke, schnalzen Sie mit der Zunge, rufen Sie ihn und klopfen Sie mit der Hand ganz leicht auf den Boden. Kommt er angesaust, ist das ein gutes Zeichen. Dieser Hund wird später offen und neugierig bei seiner Erziehung mitmachen. Ein desinteressierter und scheuer Welpe wird sich schwerer anleiten lassen.

Test 5: Spielfreudigkeit testen

Falls der Welpe durch Test 3 und 4 noch nicht müde geworden ist, können Sie diesen Test gleich anschließen. Anderenfalls ist es besser, ihn auf einen anderen Tag zu verlegen. Nehmen Sie einen Ball und versuchen Sie durch Locken und Zeigen das Interesse des Hundes am Ball zu wecken. Sobald er sich für den

Ball interessiert, lassen Sie den Ball am Boden an ihm vorbeirollen. Ein normal entwickelter Hund wird dieser »Beute« neugierig hinterherrennen. Reagiert er überhaupt nicht auf den Ball, hat der Züchter möglicherweise versäumt, mit ihm zu spielen oder ihm Spielangebote zu machen. Es kann aber auch auf eine Verhaltensauffälligkeit hindeuten.

Hinweis: Probieren Sie, ob der Welpe noch Lust auf weitere Testerei hat. Nicht überfordern! Es kommt nicht darauf an, daß der Welpe das gesamte Testprogramm in einem Zug schafft. Wichtig sind die einzelnen Reaktionen.

Test 6: Reagieren auf Geräusche

Sie befinden sich allein mit dem Welpen in einem Raum. Klatschen Sie kräftig in die Hände. Schaut der Welpe neugierig zur Geräuschquelle, ist dies ein Zeichen von sogenannter Wesensfestigkeit. Zuckt er zusammen oder läuft sogar panikartig davon, wird er später vor Alltagsgeräuschen fliehen – der Welpe ist mit einiger Sicherheit ängstlich.

Transport nach Hause

Während der Autofahrt ist der Welpe am besten in einem mit einer Decke ausgelegten Kistchen untergebracht. Fahren Sie zu zweit, damit der eine den Hund mit dem Kistchen auf den Schoß nehmen und ihn beruhigen kann. Für längere Fahrten sollten Sie Halsband und Leine mitnehmen, da Sie Pausen einlegen müssen, damit der Hund sich lösen kann. Legen Sie ihn dazu unbedingt an die Leine, denn der Welpe kann vor Angst und Schreck mit einer erstaunlichen Geschwindigkeit davonsausen.

Ein gesunder Welpe scheut sich nicht, die Tasche zu erforschen.

Was der Hund alles braucht

Besorgen Sie alles, was der Hund in den ersten Tagen benötigt, bevor Sie den neuen Hausgenossen abholen. So ersparen Sie sich Hektik und Fehlkäufe.

Nicht nur einen Namen braucht der Hund, um sich bei Ihnen zu Hause zu fühlen, sondern auch allerlei Gegenstände. Das fängt bei der Futterschüssel, der Schlafdecke, dem Spielzeug, dem Halsband und der Leine an und hört bei der Steuernummer und der Tätowierung auf.

Einkaufszettel
Bevor der Hund ins Haus kommt, geht's erst mal einkaufen, der Hund braucht:
- je eine Futter- und eine Wasserschüssel
- Welpenfutter
- Leine und Halsband
- Schlafdecke oder Korb
- Spielzeug
- Kamm und Bürste
- Adressenkapsel oder Namensschild.

Wenn er bei Ihnen lebt, braucht er:
- Steuernummer
- Versicherung
- Tätowierung
- Impfpaß (bekommen Sie meist vom Vorbesitzer)
- eventuell Hundepfeife.

Futter- und Wasserschüssel
Jeder Hund braucht sein eigenes Geschirr und zwar in zweifacher Ausfertigung: Eine Schüssel für Wasser – frisches Wasser muß immer bereitstehen! – und einen Futternapf. Fürs Wasser empfehle ich eine Schüssel aus glasiertem Ton, fürs Futter eignet sich ein Napf aus Edelstahl, der an der Unterseite einen rutschfesten Gummirand hat. Für Hunde mit besonders langen Hängeohren (Basset, Spaniel) kann man Spezialnäpfe kaufen, die sich nach oben verengen, so daß die Ohren beim Fressen nicht ins Futter hängen. Nicht zu empfehlen sind Plastikschüsseln, sie werden vom Hund umgeworfen, angenagt und herumgezerrt.

Welpenfutter
Auf den Seiten 36 bis 41 können Sie sich ausführlich über die Ernährung des Hundes informieren; hier nur ein Tip zum Speiseplan der ersten Tage: Es ist sinnvoll, sich bei dem, der den Welpen aufgezogen hat, zu informieren, wie der Hund gefüttert wurde. Am besten bitten Sie darum, Ihnen für die Anfangszeit das gewohnte Futter mitzugeben. So vermeidet man allzugroße Umstellungsschwierigkeiten wie Durchfall und Erbrechen. Der Fachhandel hält spezielle Welpen-Fertigkost bereit.

Leine und Halsband
Für den Welpen reichen am Anfang ein einfaches Lederhalsband und eine leichte Leine – vergessen Sie nicht, daß er aus dieser Grundausstattung bald herauswächst. Für den erwachsenen Hund, vor allem für größere, lebhaftere Tiere, empfehle ich sogenannte Erziehungshalsbänder mit beschränktem Zug (→ »Richtig an der Leine gehen«, Seite 23). Diese Halsbänder werden enger, wenn der Hund zieht, ein Stopper verhindert aber, daß die Kette sich zu sehr zusammenzieht und dem Hund die Luft abdrückt. Würge- und Stachelhalsbänder zu verwenden, grenzt an Tierquälerei.

Für bestimmte Rassen (wie den Chow Chow) oder für kleine Hunde empfiehlt sich ein Brustgeschirr (beim Züchter nachfragen).

Was die Leine betrifft, ist es Geschmackssache, ob Sie sich für eine Kettenleine (wasserfest) oder eine Lederleine entscheiden. Sehr praktisch ist die sogenannte Abrolleine mit Bremstaste, sie reicht etwa 5 m weit, so daß der Hund – sicher angeleint – einige Bewegungsfreiheit hat.

Schlafdecke und Schlafkorb

Jeder Hund braucht einen Platz, der ihm allein gehört, ein Fleckchen, auf das er sich zurückziehen kann. Das muß nicht unbedingt ein Korb sein: Eine dicke Decke, eine Matratze, eine Kiste erfüllen denselben Zweck. Wichtig ist, daß der Hund so liegt, daß er weder Zugluft noch Bodenkälte ausgesetzt ist, und daß er genug Platz hat, sich auf seinem Lager auszustrecken.

Vor allem kleine Hunde fühlen sich in solch einem kuscheligen Hunde-Iglu wohl und geborgen. Im Zoofachhandel werden »Iglus« in verschiedenen Ausführungen angeboten.

Kleine Hunde mögen ein Dach über dem Kopf, sie bevorzugen die kuscheligen Hunde-Iglus (→ Zeichnung, unten). Darin fühlen sie sich geschützt und geborgen.

Für mittlere und große Hunde sind Plastikschalen in entsprechender Größe am praktischsten.

Hübsch anzusehen, aber nicht empfehlenswert, sind Weidenkörbe. Der Hund knabbert sie an, und sie lassen sich schlecht reinigen.

Die Einlage fürs Hundebett muß waschbar, warm und kuschelig sein. Verwenden kann man eine normale Decke oder eine im Handel erhältliche Hundedecke und Einlagen für Hundekörbe (fragen, ob alles waschbar ist!).

Das richtige Spielzeug

Grundsätzlich gilt: Das Spielzeug darf nicht so klein sein, daß es verschluckt werden kann, es darf nicht scharfkantig sein und auch nicht aus gesundheitsschädlichem Material bestehen. Ideal sind Kauknochen aus Büffelhaut, Vollgummiringe, Stofflumpen zum Beuteln, Bälle aller Art und – beim Spaziergang – der Holzstock zum Werfen (→ »Stöckchen werfen«, Seite 28).

Kamm und Bürste

Das Fell aller Hunde muß regelmäßig gepflegt werden. Welche Kämme, Bürsten und Striegel Sie brauchen, richtet sich nach dem Fell Ihres Hundes (→ »Fellpflege«, Seite 42).

Adressenkapsel und Namensschild

Im Zoofachhandel gibt es aufschraubbare Kapseln, in die man einen Zettel mit dem Namen des Hundes und der Telefonnummer des Besitzers steckt – diese Kapseln gehen allerdings leicht auf, und dann ist der Zettel weg. Fixieren Sie deshalb besser das Gewinde mit Nagellack.

Erziehungshalsband, das sich beim Straffen der Leine zuzieht, ohne den Hund zu würgen.

Chihuahua, Apricot und Black und Tan.   *Pekinese, Rüde, 1 Jahr alt.*

Beliebt sind sie, die kleinsten, kleinen und mittelgroßen Hunde, sei es nun der Chihuahua, Yorkshire-Terrier, Dackel, Pudel, Basset und all die anderen Rassen, die auf nebenstehenden Fotos abgebildet sind. Zum liebenswerten Familienhund wird jeder von ihnen, wenn man nicht vergißt, daß auch der kleinste Hund ein »richtiger« Hund ist, der ebenso wie seine großen Artgenossen, liebevoll, aber konsequent erzogen werden muß.

Yorkshire-Terrier.   *Foxterrier-Hündin mit Welpen, 9 Wochen alt.*

Cockerspaniel.   *Shi-Tzu, Gold-Weiß und Grau-Weiß.*

Basset Hounds, Tricolor.

Mittelschnauzer.

Westhighland White Terrier.

Beagle, Tricolor.

Langhaar- und Rauhhaardackel.

Zwerg- und Kleinpudel.

Wer die Kapsel nicht mag, kann ein kleines Schild gravieren lassen, das man am Halsband befestigt. Kapsel oder Schildchen sind sehr zu empfehlen: Falls Ihr Hund einmal wegläuft, kann man Sie rasch benachrichtigen.

Hundepfeife

Wenn Sie Ihren Hund auch mal über größere Distanzen frei laufen lassen möchten, können Sie ihn an eine Ultraschallpfeife gewöhnen. Sie ist für den Hund, nicht aber für das menschliche Ohr hörbar. Damit ersparen Sie sich und anderen das lästige Gerufe.

Steuernummer

Fast alle Gemeinden erheben eine Hundesteuer, die Höhe richtet sich nach dem Wohngebiet, in Großstädten muß man damit rechnen, im Jahr mehr als 100,– DM pro Hund zu zahlen. Die genauen Bestimmungen und auch, in welchem Alter Sie den Welpen anmelden müssen, erfahren Sie im Rathaus. Ist der Hund gemeldet, erhält er eine Steuermarke, die er auch tragen muß (Pflicht in vielen Städten).

Impfpaß

Da der Hund im Alter von 8 bis 9 Wochen zum ersten Mal geimpft wird, besitzt er meist schon einen Internationalen Impfpaß, wenn Sie ihn übernehmen. Tragen Sie Ihre Anschrift und den Namen des Hundes ein, und nehmen Sie das Dokument mit zum Tierarzt, wenn Impfungen durchgeführt werden. Alle Impfungen werden eingetragen. Für Auslandsreisen ist dieser Impfpaß unerläßlich, da in die meisten Länder nur Tiere einreisen dürfen, die nachweislich gegen Tollwut geimpft sind.

Versicherung

Selbst wenn sich die Schäden, die ein kleiner Hund anrichtet, in Grenzen halten, empfehle ich, eine Hunde-Haftpflichtversicherung abzuschließen. Stellen Sie sich nur vor, Ihr Hund reißt sich los und verursacht einen Unfall – die Kosten, die dann auf Sie zukommen, können ins uferlose gehen.
Wichtig: Sie sind verpflichtet, Ihren Hund zu beaufsichtigen. Die Versicherung muß nur dann zahlen, wenn Sie diese Aufsichtspflicht nicht verletzt haben.

Tätowierung

Welpen von Rassehunden werden vom Zuchtwart des zuständigen Rasseclubs tätowiert: Er prägt die Zuchtbuchnummer am Ohr oder – seltener – an der Schenkelinnenseite ein. Damit ist die Identität dem Stammbaum entsprechend einwandfrei festgehalten. Sollte Ihr Hund noch nicht tätowiert sein, nimmt der Tierarzt die Tätowierung vor, er berät Sie auch über den besten Zeitpunkt fürs Tätowieren.
Tätowierung ist aber nicht nur als »Visitenkarte« eines Rassehundes sinnvoll: Tätowierung schützt. Sollte Ihr Hund entlaufen oder wird er gar gestohlen und landet im Versuchslabor, so haben Sie eine wesentlich größere Chance, ihn wiederzubekommen. Die meisten Versuchslabors haben sich nämlich bereit erklärt, tätowierte Hunde nicht anzunehmen. Die Zahlenkombination, die dem Hund auf den Leib geschrieben wurde, muß vom Züchter, Ihnen oder dem Tierarzt beim Haustier-Zentralregister (Tasso, Adresse → Seite 63) angemeldet werden. Die Eintragung sowie die computergesteuerte Suche bei Vermißtenmeldung ist kostenlos.

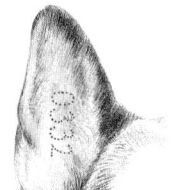

Die Tätowierung im Ohr hilft, entlaufene oder gestohlene Hunde rasch zu identifizieren.

Adressenkapsel und Steuermarke sollte der Hund immer tragen.

Eingewöhnung und Erziehung

Die ersten Tage daheim

Endlich daheim! Jetzt braucht der Hund erst mal Zeit und Ruhe, sich umzuschauen und alles zu beschnüffeln. Je nach Temperament wird er sein zukünftiges Heim entweder neugierig-forsch oder vorsichtig und schüchtern entdecken. Zeigen Sie Ihrem Hund alle Räume, die er später betreten darf, Futter- und Schlafplatz und den Garten, wenn Sie einen besitzen. Doch übertreiben Sie nicht – eine allzu laute, stürmische Begrüßung durch Kinder, Freunde und Verwandte würde den Hund nur ängstigen. Hat sich die erste Aufregung gelegt, ist Essenszeit. Nun fühlt sich der Hund in Ihrer Familie gleich ein bißchen mehr zu Hause, denn er hat erfahren: »Hier bekomme ich zu fressen, hier geht's mir gut.« Jetzt ist eine Ruhepause fällig – vorher allerdings muß das Tier, vor allem, wenn es sich um einen Welpen handelt, noch einmal an die Luft, um sein Geschäft zu erledigen. Insgesamt gilt für die Eingewöhnungszeit: Gestalten Sie die ersten Tage möglichst wenig hektisch und strukturiert im Ablauf, damit das Tier sich an Ihren Rhythmus und Ihre Eigenheiten gewöhnt.

Wo soll der Hund schlafen?

Jeder Hund braucht einen Platz, der ihm allein gehört, ein Fleckchen, auf das er sich zurückziehen kann. Klären Sie von Anfang an, wo der Hund liegen darf und wo es ihm verboten ist. <u>Der Schlafplatz für den Tag:</u> Er soll in einer ruhigen, zugfreien Ecke sein und in einem Raum, in dem sich auch die Familie aufhält. Hunde lieben es, geschützt zu liegen, ideal ist zum Beispiel ein Platz unter der Eckbank in der Küche. Wenn Sie ihm einen Sessel als Stammplatz überlassen wollen, können Sie's ruhig tun. Nur, wenn Sie das nicht wollen, müssen Sie es dem Hund von Anfang an verbieten.

Nicht immer ist der Hund mit dem ihm zugewiesenen Eckchen glücklich – er sucht sich seinen eigenen Lieblingsplatz. Geschieht das innerhalb der vorgegebenen Grenzen, sollten Sie die Wahl des Hundes akzeptieren und ihm an »sein« Plätzchen eine Decke legen. <u>Der Schlafplatz für die Nacht:</u> Ob man den Hund mit ins Bett nimmt oder nicht, ist reine Geschmackssache. Hygienische Bedenken gibt es bei einem gepflegten und regelmäßig entwurmten Hund sicher nicht. Nur eines müssen Sie beachten: Wenn Sie ihm

(Bitte auf Seite 18 weiterlesen.)

Junge Hunde kauen an festen Gegenständen, um den Durchbruch der Milchzähne zu erleichtern. Ein Schuh aus Büffelhaut ist empfehlenswert.

15

Stubenrein in 3 Wochen

Zur Ernüchterung sei gleich vorausgeschickt: Das Zaubermittel, mit dem man den Hund ganz schnell und problemlos stubenrein bekommt, gibt es nicht. Wenn man aber einige Grundregeln beachtet, kann man den Welpen innerhalb von kurzer Zeit sauber bekommen.

Die Voraussetzung: Zeit nehmen

Zeit nehmen bedeutet: Sie dürfen in den ersten 2 bis 3 Wochen Ihren Hund nicht aus den Augen lassen – und das rund um die

Im Garten braucht der Hund ein Eckchen für sein »Geschäft«.

Uhr. Dieser »Totaleinsatz« lohnt sich, selbst, wenn Sie notfalls dafür Urlaub nehmen müssen. Wenn Sie sich am Anfang diese Zeit nicht nehmen, kann es Wochen oder gar Monate dauern, bis der Hund stubenrein ist. Rasch zum Ziel Stubenreinheit

kommen Sie, wenn Sie den Hund ständig beobachten und sofort zur Stelle sind, wenn er sein Geschäft verrichten will.

Regelmäßig hinausführen

Nach jeder Mahlzeit, immer, wenn er aus dem Schlaf erwacht und anfangs auch während des Spielens müssen Sie den Welpen hinausführen. Legen Sie sich Mantel, Schuhe und Leine zurecht, damit es dann schnell geht.
Während der Nacht empfiehlt es sich, das Hundebaby in Bettnähe schlafen zu lassen. Wählen Sie ein Kistchen oder einen Korb, der so hoch ist, daß der Kleine nicht allein hinaus kann: Da kein Hund sein eigenes Lager beschmutzt, wird er winseln und versuchen, Sie aufzuwecken, wenn er muß. Dann heißt es, hinaus mit ihm!

Der Welpe zeigt, daß er…

Ein Anzeichen, daß der Welpe »sich lösen« will (so heißt es in der Fachsprache) ist zum Beispiel, wenn er sich während des Spielens im Kreis dreht und mit der Nase am Boden zu suchen beginnt. Nicht warten, bis er sich hinhockt! Lassen Sie alles stehen und liegen und führen Sie ihn nach draußen.

Der Platz fürs »Geschäft«

Wo er sein Geschäft erledigen soll, muß der Welpe von Anfang an lernen. Wenn Sie einen Garten haben, führen Sie den Welpen an der Leine immer an dieselbe Stelle, damit er sich nicht irgendwo sein Eckchen selber sucht oder wahllos überall hinmacht. Er muß lernen, nur dort-

hin zu gehen, wo er auch später hinmachen darf.
In der Stadt ist es sicherlich ein Problem, in der Schnelle den richtigen Flecken zu finden. Keinesfalls darf der Hund mitten auf den Gehsteig machen. Das ist anderen Menschen gegenüber

Gerüche können den Welpen vom »Geschäft« ablenken.

rücksichtslos und wird in einigen Großstädten inzwischen auch bestraft. Ideal ist es, wenn Sie eine Grasfläche, sei sie auch noch so klein, in der Nähe finden. Wenn dort auch schon andere Hunde ihre Markierung hinterlassen haben, umso besser. Das animiert den Kleinen.
Hinweis: Auch wenn das »große Geschäft« des Welpen noch recht klein ist, werden Ihre Mitmenschen Ihnen danken, wenn Sie es beseitigen. Im Zoofachhandel gibt es dafür hygienische, preiswerte Hilfsmittel.

Anregen und loben

Eine Aufforderung wie »Mach schön«, hat den Vorteil, daß der Hund auch später auf dieses Kommando hin sein Geschäft machen wird. Das kann, gerade auf Reisen, sehr praktisch sein. Loben Sie den Hund ausgiebig, wenn alles gut gegangen ist!

Wenn's am falschen Platz passiert

Wenn das Malheur in der Wohnung passiert ist und Sie sind dabei, reicht ein scharfes »Pfui«. Das »Pfui« hat aber wirklich nur dann Sinn, wenn es sofort nach der Tat erfolgt, denn der Hund versteht nur solche Verweise, die in direktem zeitlichen Zusammenhang mit dem Vergehen stehen. Mit der Nase hineinstubsen, anbrüllen oder auf den Popo hauen, ist grundverkehrt. Verlieren Sie nicht die Nerven, Pannen können passieren. Aufregung, Geschrei oder gar Strafen verunsichern den Hund nur und erschweren den Weg zur Stubenreinheit. Wischen Sie mit einem Desinfektionsmittel oder einem Wasser/Essiggemisch auf. Hunde verabscheuen diesen Geruch und meiden den Platz künftig.

Das »Papierklosett«

Einem jungen Hund anzugewöhnen, auf ausgebreiteten Zeitungen in der Wohnung sein Geschäft zu verrichten, mag vor allem in einer Etagenwohnung verlockend sein. Ich finde es sehr unhygienisch.

Plötzlich nicht mehr stubenrein?

Ein Hund, der einmal stubenrein ist, bleibt es in der Regel auch. Krankheiten oder Ausnahme-situationen führen jedoch manchmal dazu, daß der Hund plötzlich in der Wohnung Urin oder Kot absetzt. Dann hilft kein Schelten und kein Strafen. Überlegen Sie, woran es liegen könnte.

Gründe für plötzliche Unsauberkeit können sein:

- Krankheit: Gehen Sie mit Ihrem Hund zum Tierarzt, um herauszufinden, ob dies der Grund ist.
- Kummer: Umzug, Trennungen (Urlaub ohne Hund), Besitzerwechsel, Mangel an gewohnter Zuwendung, Eifersucht auf neue Hausgenossen (Baby, anderes Haustier) können die Hundeseele aus dem Gleichgewicht bringen. In solchen Fällen hilft oft mehr Zuwendung.

Zum Foto links: Bleiben Sie geduldig, wenn Ihr Hund alle paar Meter stehenbleibt und intensiv schnüffelt. Ein Hund erschließt sich die Welt durch die Nase. Gerüche enthalten für ihn Informationen, die für sein Hundeleben wichtig sind.

Ausgiebiges Schnüffeln gehört zum Gassi gehen.

(Fortsetzung von Seite 15.)

Gehört der Hund ins Bett oder nicht? Darüber streiten sich die Hundeliebhaber. Gewiß ist nur eines: Wenn Sie dem Welpen erlauben, Ihr Bett als Schlafplatz zu benützen, haben Sie in Zukunft einen vierbeinigen Bettgenossen. Kein Hund begreift, warum er als ausgewachsener Hund etwas verboten bekommt, was ihm als junger erlaubt wurde.

nicht erlauben wollen, im Bett zu schlafen, dann müssen Sie von Anfang an konsequent sein. Der süße kleine Welpe, der die ersten Wochen im Bett verbracht hat, wird auf diesem Recht auch bestehen, wenn er eine ausgewachsene Dogge ist. Warum er dieses Privileg plötzlich aufgeben soll, ist für den Hund nicht einsichtig. Wenn Sie also meinen, ein Hund hat im Bett nichts zu suchen, bleiben Sie hart, auch wenn der Kleine in der ersten Nacht heult. Stellen Sie am besten sein Kistchen oder den Korb in Bettnähe, das beruhigt den Hund (→ auch Stubenreinheit, Seite 16).

Auch wenn Sie Ihren Hund nicht im Bett haben wollen, sollten Sie ihm aber auf jeden Fall erlauben, im Schlafzimmer zu schlafen, vor allem, wenn er tagsüber viel allein ist. Vergessen Sie nicht: Der Hund ist ein Rudeltier, die Menschen, mit denen er zusammenlebt, nehmen für ihn die Rolle des Rudels ein. Dem Hund zu verbieten, auch in der Nacht die Nähe »seiner« Menschen aufzusuchen, käme in seinen Augen einer Verbannung gleich.

Hund und Katze

Ideale Bedingungen dafür, daß sich eine Freundschaft zwischen Hund und Katze entwickelt, sind dann gegeben, wenn beide Tiere miteinander aufwachsen. Ist bereits ein erwachsener Hund im Haus und eine kleine Katze kommt dazu, so geht das in der Regel gut. Schwieriger wird es schon, wenn man einen Hund in einen Haushalt bringt, in dem eine erwachsene Katze das Hausrecht hat; Katzen sind eigenwillige Wesen, die sich bekanntlich zu nichts zwingen lassen, und die Katze mit den älteren Rechten wird im Notfall bereit sein, diese gegen den Neuankömmling zu verteidigen.

Wollen Sie Hund und Katze aneinander gewöhnen, so sollten Sie folgendes beherzigen:

Das erste Zusammentreffen ist besonders wichtig und sollte, vor allem von seiten des Hundes aus, nicht zu stürmisch verlaufen. Halten Sie den Hund an der Leine und führen Sie ihn behutsam an die Katze heran. Sprechen Sie dabei beruhigend auf beide Tiere ein. Wiederholen Sie dieses »Beschnuppern« in der Folgezeit immer wieder, beobachten Sie die Entwicklung, und lassen Sie die Tiere erst dann allein, wenn Sie sicher sind, daß nichts passieren kann.

Fördern Sie das Einander-riechen-können, indem sie jedem etwas ins Körbchen legen, das nach dem anderen riecht, zum Beispiel eine Decke. So gewöhnt sich jedes Tier an den Geruch des anderen.

Vermeiden Sie Eifersucht – Sie dürfen nie das Tier mit den älteren Rechten vernachlässigen. Geben Sie beiden Tieren Aufmerksamkeit, indem Sie sich zum Beispiel zu zweit aufs Sofa setzen und jeder ein Tier zu sich nimmt. Streicheln Sie beide Tiere abwechselnd und reden Sie liebevoll auf sie ein.

Die Freundschaft ist dann besiegelt, wenn die Katze ihren Kopf am Hund zu reiben beginnt und der Hund der Katze das Fell ableckt.

Hund und Kind

Das Haus meiner Eltern war groß und stand etwas abseits von den anderen am Waldrand. Als kleines Mädchen fürchtete ich mich stets, wenn meine Eltern nachts ausgingen. Immer mußte im Flur das Licht brennen, im Zimmer leise das Radio laufen; und bevor ich einschlief schaute ich unterm Bett und im Schrank nach, ob sich dort nicht ein Einbrecher versteckt hatte. Eines Tages schenkte mein Vater mir zwei Schäferhunde. Von diesem Tag an veränderte sich meine Kindheit. Nun endlich mußte ich mich nachts nicht mehr fürchten, denn »Alf« und »Ajax« durften neben meinem Bett schlafen. Und ich lernte mit meinen zwölf Jahren entscheidende Dinge, die mir bis dahin sehr schwer gefallen waren: Verantwortung übernehmen, Ausdauer, Geduld und eine gewisse Pünktlichkeit. Ob es regnete oder schneite, ob ich Lust hatte oder nicht – ich ging mit Alf und Ajax spazieren, half täglich zur selben Zeit beim Füttern, bürstete die Hunde und säuberte ihren Zwinger.

Meine Geschichte ist sicher kein Einzelfall. Hunde werden heute sogar von Psychologen »verordnet«, um zum Beispiel den Kindern geschiedener Eltern, kranken oder behinderten Kindern zu helfen.

Der ideale Kinderhund muß viele gute Eigenschaften vereinen: Ausdauernder Spielkamerad, ein Kumpel, der nicht gleich alles krumm nimmt, nicht aggressiv und weder allzu lärmempfindlich noch zu nervös und gereizt ist. Bestimmte Rassen gelten als besonders kinderlieb: Boxer, Golden Retriever, Labrador, Schnauzer, Airedale und Westhighland White Terrier, Bobtail, Kromfohrländer, Dalmatiner, King Charles und Cocker Spaniel.

Wenn Sie einen Mischling als Gefährten für Ihr Kind wählen, sollten Sie sich erkundigen, welche Eigenschaften die Eltern des Hundes haben oder welche Charakterzüge aufgrund der Mischung zu erwarten sind.

Wie alt das Kind ist, wenn der Hund ins Haus kommt, spielt keine Rolle, denn die Verantwortung für den Hund muß immer ein Erwachsener übernehmen. Er muß dem Kind feste Regeln an die Hand geben, wie es mit dem Hund umzugehen hat. Das Kind sollte, seinem Alter entsprechend, lernen, immer mehr für den Hund zu sorgen: Futter einkaufen, füttern, bürsten, spazierengehen.

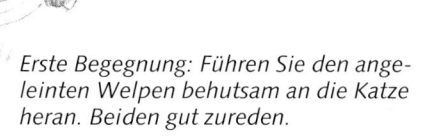

Erste Begegnung: Führen Sie den angeleinten Welpen behutsam an die Katze heran. Beiden gut zureden.

<u>Der Hund muß lernen, das Kind zu respektieren</u>, das ist besonders wichtig, wenn es sich um einen großen Hund handelt. Sonst kann es passieren, daß das Tier das Kind einfach über die Straße zerrt – und das kann fatale Folgen haben.

Grundregeln der Hundeerziehung
Geduld, Liebe und Konsequenz sind die Grundpfeiler jeder guten Erziehung.
1. Beginnen Sie mit der Erziehung, sobald der Hund zu Ihnen ins Haus kommt. Nur dann lernt der Hund spielerisch, was ihm im Alter nur noch mühsam beizubringen ist.
2. Gewöhnen Sie den Hund an festgelegte Kommandos wie: »Pfui, Aus, Sitz, Komm.«
3. Es ist nicht sinnvoll, dem Hund möglichst viel beizubringen, aber das, was er braucht, muß solange geübt werden, bis es sitzt.
4. Passen Sie Schwere und Dauer der Übung dem Alter des Hundes an. Überfordern Sie ihn nicht.
5. Vergessen Sie nie das Loben mit sanfter Stimme und das Streicheln. Ein Tier, das freudig lernt, lernt besser und schneller.
6. Müssen Sie einmal einen Verweis erteilen, dann nicht halbherzig und unentschlossen handeln, sonst nimmt Ihr Hund Sie nicht ernst. Kein langes Herumgerede, das versteht der Hund nicht. Ein knapper, scharfer Verweis wie »Aus« oder »Pfui« ist richtig.
7. Nutzt der Verweis nichts, dann nie brüllen oder schlagen, das ist nicht hundegerecht! Den »Schüttelruck« mit Hilfe des Erziehungshalsbandes versteht der Hund besser, denn auch die Hündin verweist ihren Welpen, indem sie ihn am Nacken packt und schüttelt.
8. Machen Sie sich klar, daß Ihr Hund zwar Ursache und Wirkung miteinander verknüpfen kann, aber nur, wenn beides zeitlich unmittelbar aufeinander folgt. Also strafen Sie Ihren Hund nicht, wenn er erst nach längerem Wegbleiben zurückkommt. Er hat seine »Missetat« längst vergessen. Loben Sie ihn fürs Kommen, sonst verbindet das Tier sein Herkommen mit dem unangenehmen Erlebnis der Schelte und Strafe.
9. Bleiben Sie stets konsequent, auch wenn es manchmal schwerfällt. Nicht heute etwas erlauben, was Sie gestern verboten haben. Dies verwirrt den Hund nur.
10. Antiautoritäre Erziehung ist beim Hund gänzlich fehl am Platz. Ein Halter, der seinem Hund keine klaren Grenzen setzt, riskiert, daß sich das Tier zum Rudelführer aufschwingt und seinen Herrn nicht mehr ernst nimmt und ihm nicht folgt.
11. Ein Hund möchte gern gefordert werden, sonst fühlt er sich unausgelastet und versucht durch Unarten Ihre Aufmerksamkeit zu erregen.
12. Vermeiden Sie, eigene Ängste auf den Hund zu übertragen oder ihn für Ihre menschlichen Aggressionen zu mißbrauchen. Für den Hund sind Sie Vorbild und Rudelführer, vergessen Sie das nicht.
13. Vermeiden Sie, den Hund nach menschlichen Gesichtspunkten zu beurteilen. Wichtiger fürs Zusammenleben ist es, seine Sprache und sein Verhalten, seine Gefühle verstehen zu lernen (→ Seite 52 bis 59).

Bassett Hound, 9 Wochen alt – ein freundlicher, aber eigenwilliger Hund, der gar nicht so träge ist wie er aussieht.

Papillons beim Spiel. Die selbstbewußten und leicht erziehbaren »Schmetterlingshündchen« stecken voller Temperament.

Hundeerziehung Schritt für Schritt

Wer sich einen Hund ins Haus holt, sollte sich bewußt sein, daß dessen Erziehung bereits am ersten Tag beginnt. Dem Welpen etwas durchgehen zu lassen, nur, weil er »noch so klein« ist, ist der falsche Weg. Auch wenn es Ihnen schwerfällt, dem kleinen Kerl etwas abzuschlagen, seien Sie von Anfang an konsequent und zeigen Sie dem Hund liebevoll aber bestimmt, was er darf und was nicht. Die nachfolgenden Übungen zeigen,wie Sie dem Hund das beibringen, was er zum Überleben und zum Zusammenleben mit Ihnen unbedingt können muß.

Wichtig: Gehen Sie Schritt für Schritt vor. Überfordern Sie den Hund nicht, und haben Sie Geduld. Der eine Hund lernt schnell, der andere halt ein bißchen langsamer.

So wird der junge Hund geführt, wenn Sie mit ihm »Richtig an der Leine gehen« üben.

Die Übung: »Allein bleiben«

Jeder Hund muß lernen, alleine zu bleiben, denn er kann unmöglich ständig und überallhin mitgenommen werden. Es darf allerdings nicht zur Regel werden, daß der Hund täglich länger als 4 Stunden alleine ist, denn das ist für das Tier eine Quälerei. Hunde sind von Natur aus gesellig, zu lange ohne Ansprache gelassen, verkümmern sie und können verhaltensauffällig werden. Mit der Übung beginnen Sie am besten, sobald der Hund stubenrein ist und Sie ihn nicht mehr ständig im Auge behalten müssen.

Erster Übungsschritt: Bringen Sie den Hund in einen Raum und geben Sie ihm das Kommando »Bleib«. Entfernen Sie sich und schließen Sie die Tür. Nun bleiben Sie völlig ruhig etwa 5 Minuten draußen stehen. Wenn der Hund an der Tür kratzt und winselt, erfolgt ein scharfes »Aus«. Gehen Sie auf keinen Fall ins Zimmer hinein, sonst glaubt der Hund, Sie durch sein Winseln zurückgebracht zu haben.

Verhält er sich ruhig, können Sie hineingehen und den Hund streicheln und loben.

Weitere Übungsschritte: Nach und nach verlängern Sie die Zeitspanne, in der der Hund allein bleibt, Sie entfernen sich immer weiter von dem Raum und verlassen schließlich die Wohnung.

Die Übung: »An der Leine gehen«

An der Leine zu gehen gehört zu den Grundfähigkeiten, die ein Hund erwerben muß, vor allem, wenn er in der Stadt lebt.

Der Sinn der Leine besteht darin, den Hund zu schützen. Wenn ihn ein ungewohntes Geräusch erschreckt und er in Panik davonstürzen will, wenn er eine Katze sieht, hinter der er unbedingt herrennen möchte, hält ihn die Leine zurück und verhindert, daß er in ein Auto läuft oder auf Nimmerwiedersehen verschwindet.

Hunde, die wildern, gehören im Wald an die Leine, selbst wenn sie in anderen Situationen in der Lage sind, bei Fuß zu gehen. Bekommt ein jagdfreudiger Hund eine Spur in die Nase, kann ihn noch so lautes Geschrei nicht zurückhalten.

Während der Erziehung zur Stubenreinheit können Sie den Welpen mit der Leine dorthin führen, wo er sein Geschäft erledigen darf. Die Leine schützt also nicht nur, sie ist auch der verlängerte Arm des Hundehalters.

Gewöhnung an Halsband und Leine

So ein Band um den Hals gelegt zu bekommen, mögen manche Welpen überhaupt nicht. Wenn Sie merken, daß Ihr Welpe damit Schwierigkeiten hat, quälen Sie ihn nicht gleich beim Abholen vom Züchter mit dem Halsband. Legen Sie es ihm in der Wohnung an, nachdem er sich ein bißchen eingewöhnt hat. Versuchen Sie, wenn er sich gar nicht mit seinem Halsschmuck anfreunden will, einen Trick: Binden Sie ihm das Halsband kurz vor dem Füttern um; während des Fressens ist der Hund abgelenkt und danach denkt er vielleicht gar nicht mehr daran, daß ihn etwas stört. Mit der Leine verfahren Sie ähnlich. Beginnen Sie mit dem »Trockentest« in der Wohnung, lassen Sie sich vom Hund ein bißchen herumführen, reden Sie ihm gut zu, loben und streicheln Sie ihn.

Richtig an der Leine gehen

»Richtig« an der Leine gehen bedeutet, daß Sie den Hund führen und nicht umgekehrt. Nehmen Sie die Leinenschlaufe in die rechte Hand, mit der linken halten Sie die Leine so, daß der Hund links neben Ihnen läuft. Die Leine nicht straff anziehen (→ Zeichnung, Seite 22). Nun gehen Sie langsam los und fordern den Welpen auf, Ihnen zu folgen. Loben Sie ihn, wenn er brav neben Ihnen herläuft, ermuntern Sie ihn, wenn er zögernd stehenbleibt. Verlieren Sie nicht die Geduld, wenn es anfangs etwas langsam geht und zerren Sie den Kleinen auf keinen Fall hinter sich her. Stürmt er gar zu munter voraus, reicht ein kurzer Ruck an der Leine als Verweis. Ziehen immer gleich mit dem Leinenruck »quittieren«, sonst wird's zur Untugend. Nach der Ermahnung die Leine wieder locker lassen. Am besten verwenden Sie von vornherein ein Erziehungshalsband (→ Seite 11), es unterstützt die Übung. Niemals aber ein Würgehalsband verwenden! Üben Sie spielerisch mit dem jungen Hund, 5 bis 10 Minuten mehrmals am Tag reichen in den ersten Wochen. Das An-der-Leine-Rucken ist ein hundegerechter Verweis, denn auch die Hundemutter packt den ungezogenen Welpen am Nacken und schüttelt ihn. Schreien hingegen ist unsinnig – der Hund hört ausgezeichnet. Und Schlagen mit der Hand oder einem Stock macht das Tier nur handscheu und verstört.

Wenn Sie mit dem Hund durch die Stadt gehen, sollten Sie die Leine kurz nehmen. Das Kommando »Bei Fuß« kann das korrekte Gehen des Hundes unterstützen.

Mein Tip: Auch wenn Sie einen erwachsenen Hund haben, der das Gehen an der Leine nie ordentlich gelernt hat, können Sie ihm das Ziehen abgewöhnen. Das Zurückziehen an der Leine muß allerdings, besonders bei einem großen, kräftigen Hund, energisch und nicht zu zimperlich erfolgen.

Geduld und Liebe, aber auch Konsequenz und viel Wissen über die Verhaltensweisen des Hundes gehören zu einer sorgfältigen Hundeerziehung. Betrachten Sie Ihren Hund dabei immer als Partner, dem Sie zwar manches beibringen müssen, den Sie aber als eigenständiges Wesen akzeptieren.

Nach einem Wurststückchen suchen...

...Lumpen beuteln und

Die Übung: »Sitz«

Damit man mit dem Hund sicher durch den Straßenverkehr kommt, muß er lernen stets am Straßenrand oder am Bordstein vor dem Überqueren der Straße zu warten und abzusitzen.
Daß ein quirliger Welpe mit so einer Übung seine Schwierigkeiten hat, kann man verstehen. Überfordern Sie ihn also nicht, bleiben Sie geduldig und vergessen Sie nicht, ihn zu loben und zu streicheln, wenn es geklappt hat.
Zur Unterstützung verstärken Sie bei dieser Übung den deutlich ausgesprochenen Befehl »Sitz«, indem Sie den Hund mit der flachen Hand oberhalb des Beckens leicht nach unten drücken (→ Zeichnung, Seite 26).

Die Übung: »Folgen auf Zuruf«

Vor kurzem wurde ich während eines Spaziergangs Zeuge folgender Szene: Ein Mann stand auf der Wiese vor einem Wald und brüllte aus vollem Hals nach seinem »Caesar«. Er mußte wohl schon eine ganze Weile geschrien haben, denn er machte einen aufgelösten Eindruck, wirkte wütend und erschöpft.
Plötzlich rauschte es hinter den Büschen und »Caesar« kam herangestürzt. Die Zunge hing ihm zum Hals heraus, sein Fell war naß. Der Schäferhund war offensichtlich wildern gewesen. Wütend packte der Mann seinen Hund und schlug ihm mit der Leine mehrmals ins Kreuz. Dann band er ihn an und zerrte ihn wütend hinter sich her. Menschlich verständlich, die Reaktion des Herrn. Was aber geht in dem Hund vor? Für den sieht die Geschichte so aus: »Wenn ich zurückkomme, werde ich bestraft.« Lohnt es sich also zurückzukommen? Nein. Also: Loben Sie

am Ring kräftig ziehen macht dem Hund Spaß.

Zu den Fotos:
Spielen Sie so oft wie möglich mit Ihrem Hund. Die meisten Hunde haben bis ins hohe Alter hinein Freude an ausgelassenen Spielen. Mit Gesten wie Pföteln oder Anstupsen, mit der typischen Spielauf-forderungshaltung (→ Zeichnung Seite 59) oder dem Her-antragen eines Spielzeugs zeigt Ihr Hund Ihnen, daß er mit Ihnen spielen möchte.

Ihren Hund, auch wenn Sie noch so eine Wut auf ihn haben. Sonst erreichen Sie mit Sicherheit das genaue Gegenteil dessen, was Sie mit Ihrer Strafe bewirken wollten. Abgesehen davon, daß der Hund in dem vorliegenden Fall sowieso an die Leine gehört hätte.

So üben Sie das Folgen auf Zuruf: Der Welpe hat von sich aus zu seiner Bezugsperson eine so enge Bindung, daß er nicht dazu neigt, sich allzu weit zu entfernen. Nützen Sie dies und rufen Sie den Kleinen immer mal zwischendurch mit seinem Namen und dem Kommando »Hier«. Kommt er dahergetapst, wird er ausgiebig gelobt, vielleicht gibt's auch mal ein kleines Lekkerli. Diese Belohnung darf man allerdings nur sparsam verwenden, sonst glaubt der Hund, er müsse immer etwas bekommen, wenn er auf Zuruf folgt.

Die Übung: »Ohne Leine gehen«
Nichts Schöneres gibt es für den Hund als frei herumtoben zu dürfen! Wenn Ihr Hund auf Zuruf folgt und den Befehl »Sitz« beherrscht, haben Sie die Voraussetzungen geschaffen, daß er sich im Park oder auf der Wiese so richtig austoben kann. Ein Hund braucht das – er hat einen ganz anderen Bewegungsdrang und vor allem ein anderes Tempo als der Mensch, der mit ihm spazierengeht. Vorsicht ist jedoch im Wald oder in der Nähe von Wäldern geboten, wenn der Hund zum Wildern neigt. Dann muß er unbedingt an die Leine!

Auch im Stadtverkehr kann ein gut erzogener Hund mal ohne Leine gehen, wenn man sicher sein kann, daß er den Befehlen, an denen sein Leben hängt, absolut gehorcht.

Unarten – wie man sie dem Hund abgewöhnt

Am besten ist es natürlich, wenn man gleich von Anfang an durch konsequente Erziehung dafür sorgt, daß Unarten gar nicht entstehen. Sie dem erwachsenen Hund abzugewöhnen, ist mühsam und nicht immer von Erfolg gekrönt.

Er knabbert alles an!

Dieses Problem hat man vor allem mit Hundebabies. Vergreift sich ein erwachsener Hund noch am Mobiliar oder reißt alles herunter, sind meist die Besitzer schuld: Ein Hund, der zu viel alleine gelassen wird oder zu wenig Zuwendung hat, kann aus Protest zum Zerstörer werden. Welpen hingegen sind wie kleine Kinder: Sie wollen aus

Übung »Sitz«: Anfangs wird das Kommando »Sitz« unterstützt, indem man mit der flachen Hand das Hinterteil sanft niederdrückt.

Neugier und Verspieltheit einfach alles untersuchen und haben während des Zahnens das Bedürfnis, an festen Gegenständen herumzukauen, damit der Durchbruch der Zähne erleichtert wird. Und schließlich erwacht auch ihr Beute- und Apportiertrieb, der auch befriedigt werden will. Grundsätzlich gilt: Je mehr der kleine Hund beschäftigt und ausgelastet ist, desto weniger wird er sich an Dingen vergreifen, die nicht für ihn bestimmt sind. Mit einem scharfen »Pfui« müssen Sie dem kleinen Kerl von Anfang an klarmachen, was erlaubt ist und was nicht. Durch geeignetes Spielzeug (→ Seite 11) können Sie sein Kaubedürfnis befriedigen.

Das Betteln vom Tisch

Um es gleich vorweg zu sagen: Wer seinen Hund nie vom Tisch füttert, der hat dieses Problem fast nie. Leider jedoch findet der intelligente Hund die »Schwachstelle« in der Familie schnell heraus und konzentriert sich nun hartnäckig auf diese eine Person. Meist bleibt der Hund dabei Sieger. Hier einige Grundregeln und Tips, damit es leichter für Sie wird:

1. Verteilen Sie die Futterportion auf zwei Mahlzeiten täglich, dann neigt er weniger zum Betteln.
2. Reichen Sie ihm sein Fressen, während Sie am Tisch sitzen. So hat das Tier das Gefühl »mitzufressen im Rudel«.
3. Bleiben Sie hart, lassen Sie sich nicht erweichen von Weltschmerzblick oder Pföteln.
4. Reicht ein Verweis nicht und nähert sich die Hundenase immer mehr dem Teller, halten Sie ihm eine aufgeschnittene Zwiebel oder ein Zitronenstück unter die Nase. Diesen Geruch verabscheut der Hund und verbindet nun – bei ausreichender Wiederholung – Tischbetteln mit diesem unangenehmen Erlebnis.

5. Besitzen Sie einen besonders hartnäckigen Tischbettler, den vielleicht schon der Vorbesitzer verdorben hat, oder können Sie nicht konsequent bleiben, dann kann ich Ihnen nur noch raten: Damit leben oder während der Mahlzeiten den vorher gefütterten Hund ins Nebenzimmer sperren.

Das Hochspringen an Menschen

Das ungestüme Hochspringen am Halter und an Besuchern, häufig verbunden mit einem feuchten »Bussi«, entstammt der Welpensprache und ist eine dem Hund angeborene Begrüßungsgeste. So begrüßen junge Hunde ihre Mutter und erbetteln Futter.

Es gibt Hundebesitzer, die sich nichts daraus machen, wenn ihre Kleider dauernd mit Pfotenabdrücken beschmutzt sind, sie nehmen dies als Liebesbeweis ihres Hundes gelassen hin. Leider vergessen diese Tierliebhaber, daß nicht alle Mitmenschen so denken. Schließlich wird man bei so einer ungestümen Begrüßung nicht nur verschmutzt: Damenstrümpfe bekommen Laufmaschen und ein schwerer Bernhardiner kann einen Erwachsenen ohne Mühe umwerfen. Gewöhnen Sie schon dem jungen Hund diese Unart ab, sonst verärgern Sie mit Ihrem schlecht erzogenen Hund ständig Ihre Mitmenschen. Am besten gehen Sie so vor:

1. Schritt: Das Abwehren und Verbieten: Beim jungen Hund: Die flache Hand entgegenhalten und mit einem tadelndem »Pfui« oder »Nein« verweisen.

Bei einem älteren und größeren Hund, der sich diese Unart schon angewöhnt hat und auf keinen einfachen Verweis mehr reagiert: Kommt der Hund angesprungen, ziehen Sie Ihr Knie hoch, so daß der Hund dagegen springt. Packen Sie den Hund bei den Vorderpfoten und werfen ihn zurück.

Dazu erfolgt das verweisende »Nein« oder »Pfui«.

2. Schritt: Begrüßungsfreude erhalten: Der Hund möchte seine Freude über Ihr Heimkommen zeigen und will ja nichts Böses bei seiner stürmischen Begrüßung. Ausschließliche Abwehr würde ihn irritieren. Nehmen Sie ihm also nicht seine Begrüßungsfreude, sondern bieten Sie ihm als Ersatz eine Form an, in der Sie gerne begrüßt werden möchten, zum Beispiel

• Die erziehende Maßnahme: Will der Hund an Ihnen hochspringen, geben Sie den Befehl »Sitz«. Dann loben und streicheln Sie den Hund ausgiebig nach Herzenslust, Sie können ihn auch um seine Pfote bitten.

• Umleiten des Bewegungsdrangs: Lassen Sie einen Ball rollen und spielen Sie mit dem Hund. Gehen Sie mit ihm in die Küche und packen Sie eine kleine Belohnung aus.

Wichtig ist, daß auch fremde Menschen das Hochspringen nicht erlauben, sonst war Ihre ganze Mühe umsonst.

Spielen mit dem Hund

Im Wolfsrudel übernimmt der Vater die Aufgabe, die heranwachsenden Welpen zu ordentlichen Rudelmitgliedern zu erziehen. Unermüdlich tollt er mit ihnen herum und bringt ihnen im Spiel bei, was sie fürs Leben brauchen. Für die Hund-Mensch-Beziehung ist es wichtig, daß die Hunde lernen, mit »ihren« Menschen zu schmusen und zu spielen.

Bleiben Sie jedoch auch im Spiel mit Ihrem Hund stets der respektierte Rudelführer. Erlauben Sie dem Hund nicht, Sie in die Hacken zu beißen oder seine Beute mit Knurren und Schnappen gegen Sie zu verteidigen. Wenn Sie keine Grenzen setzen, nimmt der Hund Sie nicht mehr ernst und spielt sich bald selbst als Rudelführer auf. Nachfolgend

Lob ist wichtigste Grundlage einer erfolgreichen Hundeerziehung, nicht Strafe und Drill. Ein Hund soll freudig bei seiner Erziehung mitwirken und nicht aus Angst den Befehlen folgen.

Der Eurasier-Welpe (7 Wochen alt) schaut begehrlich nach der Wurstscheibe.

Zum Foto:
Zwar sollte man bei Kleinkindern, die mit einem Hund zusammen aufwachsen, auf Hygiene achten, aber nicht überängstlich sein. Wichtig ist, daß der Hund regelmäßig entwurmt wird.

einige Spiele, die nach meiner Erfahrung fast alle Hunde gerne spielen.

Verstecken: Wenn der Hund nicht aufpaßt, verschwinden Sie schnell hinter der Tür, dem Sofa, im Garten hinter einer Hecke oder im Gebüsch. Nun rufen und locken Sie ihn – und flucks kommt der Hund angelaufen und ist ganz außer sich vor Freude, wenn er Sie entdeckt hat.

Nachlaufen und Beute fangen: An eine lange Schnur binden Sie etwas Interessantes, zum Beispiel ein Stück Fell, einen Handbesen oder eine Schachtel, in der etwas drin ist, das klappert. Nun laufen Sie voraus, der Hund kommt mit Sicherheit hinterher. Damit das Spiel nicht langweilig wird, lassen Sie ihn die Beute ab und zu erwischen – er wird sie stolz davontragen.

Suchen: Zeigen Sie dem Hund ein Stück Fleisch oder Wurst, verstecken Sie es dann in einem Karton oder hinter einem Stein.

Der junge Hund darf beim Verstecken zuschauen, der ältere muß sitzen und warten, bis Sie zurückkommen. Wenn der junge Hund Schwierigkeiten hat, helfen Sie ihm ein bißchen bei der Spurensuche.

Ein ausgiebiges Loben erhöht die Freude an der »Spurensuche«.

Ziehen und Beuteln: Ein mehrfach verknoteter Leinen- oder Lederlumpen

Dalmatiner – der Welpe (8 Wochen alt) fordert seine Mutter zu Spielen auf.

wird vom Hund gefaßt und kann ausgiebig gebeutelt werden. Ab und zu ziehen Sie an einem Ende, zum Schluß darf der Hund mit seiner Beute weglaufen. Bringt er den Lumpen zurück, wird er gelobt und gestreichelt – das Spiel kann erneut beginnen.

Bälle und Stöckchen werfen: Hinter Bällen und Stöcken herzujagen, bereitet Hunden oft bis ins hohe Alter Freude. Allerdings beweist die tierärztliche Praxis, daß gerade das so beliebte Stöckchen oft schlimmste Verletzungen verursachen kann: Ist der Stock zu lang, kann sich der gierig zubeißende Hund das Holzstück in den Rachen stoßen. Also goldene Regel beim Stöckchen-

werfen: Suchen Sie einen kurzen Stock mit stumpfen Enden, der nicht länger als die halbe Schulterhöhe des Hundes ist.

Wichtig: Spitze Aststückchen vom Stock entfernen, weil der Hund sie sich sonst ins Zahnfleisch beißt.

Zum Foto:
Dalmatiner sind anpassungsfähige, gelehrige Hunde, die sich leicht erziehen lassen. Geeignet sind die ausdauernden Läufer nur für sportliche Leute, die selber gerne laufen, radfahren oder reiten.

29

Mit dem Hund unterwegs

Der moderne Hund ist ein mobiler Hund: Autofahren, Liftfahren, Fliegen oder neben dem Fahrrad herlaufen – er macht alle Fortbewegungsarten von Herrchen und Frauchen mit, wobei das, was er am meisten genießt, noch immer der tägliche Spaziergang ist.

So macht der Spaziergang Freude
Auch ein noch so großer Garten entbindet Sie nicht von der Pflicht, mit Ihrem Hund täglich spazierenzugehen. Der Spaziergang verschafft dem Hund nicht nur Bewegung und die Möglichkeit, sein Geschäft zu erledigen, er sorgt auch für Abwechslung im Hundeleben und vermittelt dem Tier neue Eindrücke. Und ein Spaziergang tut auch Ihnen gut, denn der tägliche Gang mit Ihrem Hund ist ein konsequentes, kostenloses Fitness-Training. Amerikanische Langzeitstudien beweisen: Nicht Hochleistungssport, sondern regelmäßiger, zügiger Spaziergang verhelfen zu einem längeren Leben. Trösten Sie sich damit, wenn Sie mal keine Lust zum Gassigehen haben!

Die Dauer des Spaziergangs
Sie hängt vom Alter, der allgemeinen Konstitution und der Rasse Ihres Hundes ab. So sind zum Beispiel Mops und Pekinese eher gemächliche Spaziergänger, die durchaus zufrieden sind, wenn sie dreimal täglich eine halbe Stunde hinaus dürfen.
Lauffreudige Rassen, wie der Irish Setter, der Dalmatiner oder größere Mischlingshunde sollten 2 bis 3 Stunden täglich unterwegs sein.

So oft wie nur möglich mit Ihnen Spazierengehen und Spielen, darauf kann kein gesunder Hund verzichten. Stundenlanges Alleinsein oder wochenlange Trennungen kann die Hundeseele so aus dem Gleichgewicht bringen, daß er seine Stubenreinheit vergißt und sein »Geschäft« plötzlich in der Wohnung verrichtet.

Schnüffeln und Markieren
Ein Spaziergang ist für den Hund nicht nur Bewegung, er lebt dabei auch seine Hundebedürfnisse aus.
Schnüffeln will der Hund überall da, wo seine Artgenossen ihre duftende Visitenkarte hinterlassen haben oder wo es anderweitig interessant riecht. Zerren Sie den Hund nicht ständig weiter, wenn er stehenbleibt und ausgiebig riechen möchte.
Markieren ist für jeden Rüden ein Grundbedürfnis. Wundern Sie sich nicht, wenn er während eines Spaziergangs mehr als zehnmal das Bein hebt. Damit markiert er sein Revier und setzt seine persönliche Duftnote über die des Vorgängers.

Kontakt mit Artgenossen
Mit Artgenossen zusammen sein ist, vor allem für den heranwachsenden Hund, wichtig, damit er lernt, mit anderen Hunden natürlich und unverkrampft umzugehen.
Gehen Sie mit ihm so häufig wie möglich dorthin, wo sich andere Hundehalter mit ihren vierbeinigen Freunden treffen. Kommunikation mit anderen Hunden, freies Spiel, Toben und spielerische Rangordnungskämpfe schulen das Sozialverhalten.
Das sollten Sie fürs Hundetreffen wissen: Rüden, vor allem jüngere, neigen dazu, sich im Spiel gegenseitig zu besteigen – seien Sie nicht entsetzt und moralisieren Sie nicht! Ihr Hund ist nicht unnormal. Dieses einander Dominieren gehört zum Spiel und zur Festlegung der Rangordnung.

- Machen Sie nicht den Fehler, Ihren Hund sofort wegzuzerren, wenn sich ein großer fremder Hund nähert. Sie übertragen damit nur Ihre eigene Angst auf das Tier und machen aus dem Hund einen Feigling, der später bei jeder Annäherung zu fliehen versucht, hysterisch aufjault oder als Angstbeißer gleich ohne Grund zuschnappt.
- Auch wenn Sie Ihren Hund sofort auf den Arm nehmen, wenn sich ein anderer nähert, tun Sie ihm damit nichts Gutes; sie vermitteln ihm ein Überheblichkeitsgefühl. Wenn der Kleine dann von oben noch frech herunterkläfft, wird sich das ein ranghöherer Hund nicht bieten lassen und den Kleinen gleich oder bei nächster Gelegenheit strafen.
- Leider trifft man heute immer häufiger auf verhaltensgestörte Hunde, deren Beißhemmung durch verkehrte Zucht und falsche Haltung auf ein gefährliches Maß herabgesetzt ist. Hier hilft nur eines: Wenn möglich aus dem Weg gehen und den Hundehalter, wenn es zu einem Beißunfall gekommen ist, sofort anzeigen. Der Hund bekommt dann gesetzlich einen Maulkorb »verordnet«. Nur so kann man erreichen, daß Menschen und andere Hunde in Zukunft vor diesen gefährlichen Tieren geschützt werden.

Im Wald oder am Waldrand

Hier gehört der Hund an die Leine, vor allem, wenn er zum Wildern neigt. Selbst wenn Sie einen guterzogenen, nicht wildernden Hund von der Leine lassen, sollte er stets in Ihrer Nähe bleiben – die Jäger haben das Recht, unbeaufsichtigte Hunde, die wildern, zu erschießen! Ob Ihr wohlerzogener Hund tatsächlich nicht gewildert hat, ist im Ernstfall kaum mehr festzustellen.

»Wassernarren« unter den Hunden

Hält man sie nicht rechtzeitig zurück, sind sie durch nichts daran zu hindern, sich – ob Sommer oder Winter – ins kühle Naß zu stürzen. Haben Sie einen »Wassernarren«, so planen Sie »Badeausflüge« ein. Und erziehen Sie ihn dazu, nur ins Wasser zu gehen, wenn Sie es ihm erlauben. Unkontrolliertes »Baden« kann nämlich für den Hund gefährlich werden. Flußkanäle und Wehre mit Betonufern können für den Hund zur Todesfalle werden. Er rutscht mit den Pfoten an dem glatten, hohen Betonrand ab, verletzt sich die Fußballen und kommt ohne Ihre Hilfe nicht wieder ans Ufer. Auch besteht Erkältungsgefahr: Wenn der Hund nach dem Toben und Laufen erhitzt ist, sollte er nicht sofort ins Wasser springen. Vor allem kurzhaarige Hunde (wie Boxer) neigen hierbei leicht zu Erkältungen.

Hinweis: Bei manchen Hunden, zum Beispiel dem Golden Retriever, gehört das Schwimmen, Im-Wasser-spielen und Toben zu den ererbten Grundbedürfnissen. Er wurde unter anderem für die Aufgabe gezüchtet, Wild (zum Beispiel Enten) aus dem Wasser zu apportieren. Deshalb muß er diese Bedürfnisse –

Ein Vollgummiring ist ein beliebtes Hundespielzeug, das man zu jedem Spaziergang mitnehmen kann.

Bobtails spielen ausgesprochen gerne, mögen Kinder, sind gutmütig, voller Temperament, anpassungsfähig, aber auch selbstbewußt und selbständig – kurz ein liebenswerter Familienhund. Für alle Menschen geeignet, die viel Platz haben, gerne Ausflüge mit ihrem Hund machen und die Geduld haben, täglich etwa 20 Minuten lang, das lange, dichte Fell zu kämmen.

apportieren und oft im Wasser sein –
ausleben können, sonst verkümmert er.

Wenn der Hund wegläuft
Manchmal hilft alle Vorsicht nichts: Ein
Hase saust vorbei, der Rüde bekommt
den Duft einer läufigen Hündin in die
Nase – weg ist der Hund! Was nun?
Geduld und Ruhe bewahren: Bleiben
Sie an der Stelle stehen, an der der
Hund entlaufen ist. Rufen Sie ihn ab
und zu und warten Sie. Die Chance,
daß er nach seinem Ausflug zurück-
kehrt, ist groß. Wenn er kommt, loben
Sie ihn! Es hat keinen Sinn, ihn zu ver-
prügeln (→ Übung »Folgen auf Zuruf«,
Seite 24)!
Polizei und Tierschutzorganisationen
anrufen: Der Hund sollte stets seine
Steuermarke und ein Schild oder eine
Kapsel mit Namen und Telefonnummer
des Besitzers tragen (→ Seite 11 und
14). Mit diesen Angaben wird es leicht
sein, ihn zu identifizieren, wenn er beim
Tierschutzverein oder auf einer Polizei-
dienststelle gelandet ist. Noch größere
Chancen ihn wiederzubekommen
haben Sie, wenn der Hund tätowiert ist
(→ Seite 14). Rufen Sie auch die näch-
ste Tierklinik an oder Tierärzte in Ihrer
Nähe; vielleicht ist der Hund Opfer
eines Unfalls geworden und von
irgendjemandem zum Arzt gefahren
worden.

Mit dem Fahrrad unterwegs
Nicht jeder Hund ist ein geeigneter Mitläufer beim Radeln; kurzbeinige Hunde
genießen die Fahrradtouren am liebsten
vom Körbchen an der Lenkstange aus
und schwerfällige, träge Hunde, wie
der Bernhardiner, sind für Radtouren
gänzlich ungeeignet. Ist Ihr Hund ein
Läufer, bedenken Sie: Erst mit dem
Training beginnen, wenn der Hund ein
Jahr alt ist. Das eigene Tempo dem des
Hundes anpassen.

Wichtig: Es hat Konsequenzen, wenn
Sie Ihren Hund täglich mit dem Rad
trainieren: Genauso wie bei einem
Hochleistungssportler darf das Hunde-
training nicht plötzlich beendet werden.
Es muß langsam ausklingen!

Mit dem Auto unterwegs
Für die meisten Hunde ist Autofahren
heute so selbstverständlich wie das tägliche Gassigehen und viele Hunde sind
regelrechte Autonarren, die, kaum ist
die Tür geöffnet, schon im Wagen
sitzen.
Der Hund sollte von Anfang an seinen
festen Platz im Auto haben. Ein kleiner
Hund gehört vorne auf die Fußmatte
vor den Beifahrersitz, ein großer auf
den Rücksitz oder auf die Ladefläche
des Kombis. Schutzgitter oder Hunde-
netz, erhältlich im Fachhandel, verhindern, daß der Hund nach vorne klettert
oder bei einer scharfen Bremsung
durchs Auto fliegt.
Legen Sie dem Tier während der Fahrt
eine rutschfeste Matte oder Decke
unter.
Sorgen Sie bei längeren Fahrten für
regelmäßige Pausen, damit der Hund
sich bewegen, sein Geschäft erledigen
und frisches Wasser trinken kann. Lassen Sie den Hund im Sommer bei
hohen Temperaturen nur im Notfall
und für kurze Zeit alleine im Auto – es
sterben jedes Jahr Hunde in Autos, in
denen die Innentemperatur zu hoch ist.
Lassen Sie immer ein Fenster offen,
damit der Hund ausreichend Frischluft
hat; es gibt leicht einsetzbare und ein-
bruchsichere Fenstergitter (→ Zeichnung, links).

*Dieses leicht ein-
setzbare und ein-
bruchsichere Gitter
für Autofenster hat
den Vorteil, daß der
Hund frische Luft
bekommt, wenn er
im Auto warten
muß.*

Mit öffentlichen Verkehrsmitteln unterwegs

Fahrten mit dem Zug oder anderen öffentlichen Verkehrsmitteln sind mit einem gutgezogenen Hund meist kein Problem. Zu welchen Bedingungen er befördert wird, ist von Stadt zu Stadt verschieden. Erkundigen Sie sich, bevor Sie auf Fahrt gehen und vergessen Sie nicht: Auch Ihr Hund braucht eine Fahrkarte.

Urlaub mit dem Hund

Jedes Jahr werden allein in den alten Bundesländern der BRD etwa 80 000 Hunde ausgesetzt, die meisten von ihnen zur Haupreisezeit. Mir ist diese Misere durch meine Mitarbeit in Tierschutzorganisationen vertraut, nachvollziehen oder gar verstehen kann ich diese Handlungsweise nicht. Warum sollte der Hund nicht die schönste Zeit des Jahres mit uns teilen, gerade dann, wenn wir mal ohne Streß und Termindruck sind?

Nehmen Sie Ihren Hund mit in den Urlaub. Bei richtiger Planung wird der Urlaub mit dem Hund für alle ein schönes Erlebnis.

Nicht möglich ist der Urlaub mit dem Hund in England, Irland, Schweden, Norwegen, Finnland, da hier eine mehrmonatige Quarantäne vorgeschrieben ist.

Der Hund braucht Papiere, denn fast alle Länder verlangen bei der Einreise den Nachweis einer Tollwutschutzimpfung, in manchen Ländern ist auch ein amtstierärztliches Gesundheitszeugnis vorgeschrieben. Erkundigen Sie sich bei Ihrem Tierarzt nach den Bestimmungen. Im Zweifelsfall erkundigen Sie sich beim zuständigen Konsulat.

Bei Reisen mit dem Flugzeug müssen Sie vorher mit der Fluggesellschaft abklären, ob der Hund im Passagierraum oder im Frachtraum fliegen darf.

Für Fahrten im Frachtraum ist eine spezielle Transportbox nötig.

Beim Urlaub im heißen Süden braucht auch der Hund ein schattiges Plätzchen. Nach dem Bad im Salzwasser muß man ihn abduschen oder mit dem Wasserschlauch abspritzen.

Hotels, Pensionen, Campingplätze, in denen Hunde willkommen sind, gibt es inzwischen recht viele. In Reisebüros, im Zoofach- und Buchhandel gibt es ausführliche Broschüren und Bücher mit Adressen von hundefreundlichen Unterkünften und sogar »Hundestränden«.

Wenn der Hund im Urlaub daheim bleiben soll

Nicht alle Urlaubsländer und Urlaubsziele eignen sich für den gemeinsamen Urlaub von Herr und Hund – bevor Sie Ihren Hund einem 14tägigen Aufenthalt in New York aussetzen, ist er besser zu Hause untergebracht.

Ideal ist es, wenn Freunde oder Verwandte, die das Tier kennen, sich um den Hund kümmern.

Fragen Sie auch beim Züchter Ihres Hundes nach, vielleicht hat er Platz. Hundepensionen müssen Sie rechtzeitig buchen und sie sich vorher unbedingt anschauen. Erkundigen Sie sich beim Tierschutzverein oder beim Tierarzt nach zuverlässigen Pensionen.

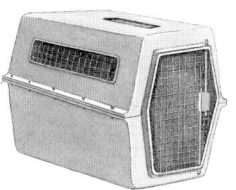

Der stabile, leicht zu reinigende Transportkorb ist praktisch, wenn man einen kranken Hund zum Tierarzt bringen muß oder den Hund auf Flugreisen mitnehmen will.

Die richtige Ernährung

Artgerechte Ernährung

Sie tun Ihrem Hund nichts Gutes, wenn Sie seine Nahrungsansprüche mit menschlichen Augen betrachten. Die Art der Nahrungsaufnahme unterscheidet sich bei Mensch und Hund beträchtlich. Allein schon die Tatsache, daß das Futter im Magen und Darm des Hundes viel kürzer verweilt als im Verdauungstrakt des Menschen zeigt, daß die Nahrung des Hundes um ein Vielfaches konzentrierter sein muß als die des Menschen. Den Hund mit Essensresten zu ernähren, wäre daher seiner Gesundheit nicht zuträglich. Der Hund hat zwar im Laufe der vielen Jahrtausende seiner Domestikation seine Freßgewohnheiten geändert. In vielem, was seine Ernährung betrifft, ist er jedoch Wolf geblieben.

Yorkshire-Terrier, 12 Wochen alt – ein idealer Hund für kleine Wohnungen. Er muß aber genauso konsequent erzogen werden wie ein großer Hund.

Stammvater Wolf und sein Speiseplan

Der Wolf, und somit auch der Hund, gehören in die Gruppe der Karnivoren (Fleischfresser). Dieser Begriff führt immer wieder zu Mißverständnissen, denn der Wolf ist kein ausschließlicher Fleischfresser. Als Raubtier lebt er in der Hauptsache von Kleintieren, jagt Kaninchen, Hasen und im Rudel auch Rehe. Seine Beutetiere sind Pflanzenfresser, in deren Magen und Eingeweide sich vorverdauter Pflanzenbrei befindet, den der Hund mitfrißt. Dazu nimmt er in wechselnden Mengen frische pflanzliche Kost auf (Früchte, Gräser, Wurzeln, Kräuter).

Natürlich können wir dem Hund keine Beutetiere am Stück servieren oder ihn zur Mittagszeit auf die Jagd schicken.

Man kann und muß ihm aber das, was er braucht – Proteine, Fett, Kohlenhydrate, Vitamine, Mineralien und Rohfasern – durch die Ernährung zuführen, egal, ob man Fertigfutter füttert oder die Mahlzeiten selbst zubereitet.

Fertignahrung

Die bequeme, schnelle Fütterung, die problemlose Vorratshaltung und nicht zuletzt die Tatsache, daß das Fertigfutter alles enthält, was der Hund braucht, sprechen für Fertignahrung. Fertigfutter kommt in verschiedenen Formen auf den Markt. Es ist im Zoofachhandel erhältlich. Dort wird auch Spezialfutter für Welpen angeboten.

<u>Naßfutter</u>

Bei diesem Futter beträgt der Wasseranteil etwa 75 %; es wird in Dosen angeboten und ist die gängigste Art der Hundeernährung. Abwechslung im Speiseplan ist möglich, indem man verschiedene Marken und Futtersorten (Huhn, Wild, Rind) füttert.

<u>Ernährungstip:</u> Bei einigen Produkten sind die täglichen Futterrationen zu reichlich bemessen. Beobachten Sie Ihren Hund: Wird er zu dick, geben Sie ihm weniger zu fressen und sorgen Sie für ausreichend Bewegung. Bevorzugen Sie Dosenfutter mit wenig chemischen Zusätzen. Damit Zähne und Zahnfleisch gesund bleiben, muß der Hund zusätzlich zum weichen Dosenfutter etwas Festes zum Beißen bekommen (→ Knabberkost, Seite 38).

<u>Mein Tip:</u> Gute Erfahrungen habe ich mit Hunde-Fertigmenüs gemacht, die

Golden Retriever sind leidenschaftliche Schwimmer, selbst im Winter scheuen sie das Wasser nicht.

auf Frischfleischbasis hergestellt sind. Sie enthalten keine Konservierungs-, Farb- oder Lockstoffe. Da sie nur begrenzt haltbar sind, sind die Produkte nur per Direktbestellung zu beziehen (→ Adresse, Seite 63).

Halbfeucht- und Trockennahrung
Konzentrierte, energiereiche Kraftnahrung, deren Feuchtigkeitsgehalt bei 25 bis 30 % liegt.
Wichtig: Achten Sie unbedingt darauf, daß der Hund ausreichend trinkt: Die

dem Futter entzogene Feuchtigkeit muß wieder ersetzt werden. Sie können das Trockenfutter auch in Gemüse- oder Knochenbrühe oder Wasser einweichen, bevor Sie es verfüttern.

Hundeflocken
Sie enthalten Mineralstoffe und Vitamine. Füttert man nur Dosenfutter (→ Naßfutter, Seite 36), können Hundeflocken eine Bereicherung des Speiseplans sein. Bei Fleischfütterung (→ Selbstzubereitetes, Seite 40) oder

Armer dicker Hund – Übergewicht führt zu Gesundheitsstörungen.

Hunde-Fleischkonserven: 1/3 Hunde-flocken unter 2/3 Fleisch mengen. Als Alleinfutter sind Hundeflocken nicht geeignet.

Leckerlis
Vitamindrops, Hundeschokolade, Cräcker – es gibt tausend Kleinigkeiten, mit denen man seinen Hund über-raschen oder belohnen kann. So ver-führerisch das Angebot ist: Füttern Sie nicht ständig zwischen den Mahlzeiten.

Knabberkost
Für die Gesunderhaltung von Zähnen und Zahnfleisch sehr wichtig ist etwas Hartes zum Beißen und Knabbern. Geeignet sind: Hundekuchen, luftge-trocknete Pansenstreifen oder Ochsen-ziemer, Rinderhufe, Büffelhautknochen, Kalbsknorpel (vor allem für kleine Hunde), Sandknochen. Wahlweise 1 bis 2mal wöchentlich dem Hund geben. Wichtig bei Knochen: Sandknochen von Rind und Kalb nehmen. Keine Röh-renknochen, sie splittern zu scharfen Spießen auf und verletzen Magen und Darm des Hundes. Die Verletzungen können tödlich sein.

In der Höhe ver-stellbare Futter-schüsseln sind für größere Hunde wie Boxer oder Airedale Terrier sehr bequem.

Futtermengen
Füttert man Fertigfutter, kann man weitgehend die Angaben des Herstel-lers als Richtwert nehmen, selbstzube-reitetes Futter ist sorgfältig zu dosieren (→ Seite 39). Da der Kalorienbedarf eines jeden Hundes anders ist und auch davon abhängt, wieviel Bewegung er hat, sollte man immer wieder kontrol-lieren, ob der Hund zu viel oder zu wenig frißt: Kann man die Rippen füh-len, ist es gut. Treten sie zu sehr hervor, so, daß man sie beim kurzhaarigen Hund sogar sehen kann, ist der Hund zu mager. Muß man mit den Finger-spitzen danach suchen oder fühlt man gar keine Rippe mehr, ist der Hund zu dick.
Bei Übergewicht kann dem Hund durch eine Diät geholfen werden. Fragen Sie Ihren Tierarzt.

Trinken
Frisches Wasser muß immer bereit-stehen und täglich erneuert werden. Wenn es recht heiß ist oder der Hund Trockenfutter gefressen hat, benötigt er mehr Flüssigkeit.
Milch ist genaugenommen eine Zusatznahrung. Milch oder Welpen-Milchprodukte bekommt nur der ganz junge Hund. Der Darm des erwachse-nen Hundes kann auf Milch mit Durch-fall reagieren, vor allem wenn Milch und Fleisch gleichzeitig gereicht wer-den. Milch deshalb nur geben, wenn der Hund sie verträgt und mag.

Was frißt der junge Hund?
Entweder die im Zoofachhandel ange-botene spezielle Welpen-Fertigkost. Oder Sie probieren folgendes Menü: 90 g weichgekochtes Ei, 360 g Quark oder Hüttenkäse, 2 Eßl. kaltgepreßtes Speiseöl, 2 Eßl. Kleie, 360 g Rindfleisch, 20 g Leber – beides gekocht und klein-geschnitten –, dazu ein Vitaminpräpa-

rat, wie z.B. CALZITAN von Nagut, 32 g pro Kilo Körpergewicht. Die Welpenmahlzeit können Sie füttern, bis der Hund etwa 1 Jahr alt ist. Diese Tagesration ist berechnet für einen Hund, dessen Endgewicht etwa 10 kg beträgt.

Futterzeiten und Futterplatz

Der Hund sollte sein Futter immer zur gleichen Zeit erhalten. Danach braucht er Ruhe. Vor allem große Hunde dürfen nach dem Fressen nicht sofort Gassigehen (Gefahr der Magendrehung). Futterzeiten: Den Hund füttert man
- ab dem 2. Monat 4mal täglich,
- ab dem 4. Monat 3mal täglich,
- ab dem 6. Monat 2mal täglich.
- Dem erwachsenen Hund kann man 1mal am Tag zu fressen geben, am besten zur Mittagszeit, man kann die Ration aber auch auf 2 Mahlzeiten verteilen. Ich halte letzteres für sinnvoll, da der 2mal täglich gefütterte Hund weniger zum Betteln und zum gierigen Schlingen neigt.

Futterplatz: Der Hund darf beim Fressen nicht gestört werden. Man stellt seinen Napf in ein ruhiges Eck, am besten in der Küche, wo der Boden abwischbar ist.

Wichtige Futterregeln

- Regelmäßige Mahlzeiten, der Hundemagen stellt sich darauf ein.
- Nach dem Essen den satten und zufriedenen Hund ruhen lassen. Spaziergang auf später verschieben, oder vor der Mahlzeit gehen.
- Übriggelassenes wegschütten.
- Futter immer zimmerwarm reichen.
- Essensreste sind kein Hundefutter; weder Kartoffeln, Nudeln, Bratensoße oder gar Kuchen sind artgerechte Hundenahrung.
- Futternapf nur mit Heißwasser reinigen. Spülmittel, vor allem parfümierte, widern die Hundenase an.

Gut geeigneter Napf aus Stahl, der an der Unterseite einen rutschfesten Gummirand hat.

Grundplan für selbstzubereitete Hundemenüs

Mengenangaben und Zutaten für eine Tagesration. Genaue Angaben über Art und Variationsmöglichkeiten und Aufbereitung der Zutaten → Seite 40 und 41.

Hundegröße	Fleisch	Fette	Getreidearten	Milchprodukte
Größere Hunde (wie Schäferhund, Hovawart, Airedale, Terrier)	300 – 400 g	30 – 50 g (= 2 Eßl. Öl)	150 – 200 g	2 Eßl.
Mittlere und kleine Hunde (wie Foxterrier, Cockerspaniel, Dackel)	150 – 200 g	20 – 30 g (= 1 Eßl. Öl)	70 – 100 g	1 Eßl.
Kleinst- oder Zwerghunde (wie Yorkshire-Terrier, Mini-Pudel)	80 – 100 g	10 – 15 g (= 1 Teel. Öl)	30 – 50 g	1 – 2 Teel.

Wichtig: Jede Tagesration mit einer Vitamin-Mineralstoff-Mischung anreichern! (→ Wichtige Zusätze, Seite 41).

Menschen, die man mag, lädt man zu liebevoll bereiteten Mahlzeiten ein. Warum nicht auch einmal den geliebten Hund »bekochen«? Ein selbstzubereitetes Hundemenü bringt Abwechslung in den Speiseplan des Hundes. Wichtig dabei ist nur, daß es alle wichtige Nähr- und Aufbaustoffe enthält.

Erläuterungen zum Grundplan für Hundemenüs

Auf Seite 39 finden Sie den Grundplan für selbstzubereitete Hundemenüs, in dem Mengenangaben für die auf dieser Praxis-Doppelseite beschriebenen Zutaten angegeben sind. Ausgehend von diesem Plan können Sie geschmacklich unterschiedliche Hundemahlzeiten zubereiten.
Die Zutaten: Angeführt sind die »Bausteine« der Mahlzeit (Fleisch, Fette, Getreidearten, Milchprodukte, Zusätze). Kein Baustein darf beim Zubereiten fehlen, nur die Zutaten selbst können Sie variieren, zum Beispiel kann man statt Rindfleisch Wild nehmen.
Nicht vergessen: Die wichtigen Zusätze (Vitamine, Mineralstoffe, → Seite 41).
Die Mengenangaben: Angegeben ist die Menge für 1 Tagesration, und zwar für den gesunden erwachsenen Hund mit normalen Bewegungsmöglichkeiten (Spaziergänge).
Leistungshunde und säugende

Hündinnen müssen anders ernährt werden; Tierarzt fragen.
Hundegröße: Dazu eine Orientierungshilfe:
• Größere Hunde – alle über 62 cm Schulterhöhe, ausgenommen sehr große Hunde wie Dogge oder Bernhardiner.
• Mittlere und kleine Hunde – alle über 24 cm (bis etwa 62 cm) Schulterhöhe.
• Kleinst- oder Zwerghunde – alle bis zu einer Schulterhöhe von 24 cm.

Zutaten und ihre Aufbereitung

Eine gesunde selbstzubereitete Hundemahlzeit macht etwas Arbeit. Wenn es Ihrem Hund schmeckt, hat es sich aber gelohnt. Die nachfolgend aufgeführten Zutaten sind jeweils in der im Grundplan angegebenen Menge zu verarbeiten.
Wichtig: Verwenden Sie nur einwandfreie Zutaten, verdorbene Lebensmittel gehören ebensowenig wie Speisereste in die Hundeschüssel.

Kauknochen aus Büffelhaut eignen sich für alle Hunde.

Fleisch

Stets gekocht und kleingeschnitten verwenden. Geeignet ist: Mageres Muskelfleisch vom Rind, Kalb, Pferd oder Wild. Schweinefleisch nicht verfüttern! Zur Abwechslung auch: Blättermagen (Pansen), Herz, Leber und Nieren höchstens 1mal wöchentlich; wenn der Hund davon Durchfall bekommt: nicht füttern.
Mein Tip: Geflügel oder grätenfreier Fisch (beides gekocht) sind ideal als Magen-Darm-Schonkost und als gewichtsreduzierende Diät. Menge wie beim Fleisch.
Wichtig: Rind- und Kalbsfleisch muß frei von BSE sein (BSE = Bovine Spongiöse Enzephalopathie, »Englische Rinderseuche«). Die Erreger werden durch normales Kochen nicht abgetötet.

Fette

Wenn nicht in Form von Fleischfett vorhanden (fettes Fleisch) nehmen Sie kaltgepreßtes Pflanzenöl oder Butter in der angegebenen Menge.

Getreideprodukte

Gekocht geeignet sind: Vollkornreis, Getreideflocken (Hafer- oder Weizenflocken), Hirse- oder Gerstenbrei (Hirse und Gerste vor dem Kochen schroten). Ungekocht geeignet sind: Altbackenes Vollkornbrot, Vierkornflockenmischung (zum Beispiel Babynahrung) oder Hundeflocken (beide Flockenarten auf Instantbasis).
Wichtig: Wenn Sie Hundeflocken verfüttern, beachten Sie bitte folgendes:

Die erste feste Nahrung schmeckt diesen 6 Wochen alten Kromfohrländern ausgezeichnet.

- ²/₃ Fleisch, ¹/₃ Hundeflocken nehmen.
- Sind die Hundeflocken vitaminisiert (steht auf der Packung), keine Vitamin-Mineralstoff-Zusätze verwenden.

Milchprodukte
Geeignet sind: Hüttenkäse oder Quark.

Wichtige Zusätze
Nicht vergessen: Jede Mahlzeit muß mit einem der nachfolgend genannten Zusätze angereichert werden.
Ausnahme: Zusätze nicht nötig bei Verwendung von vitaminisierten Hundeflocken.
1. Möglichkeit: Für Hunde angebotene Vitamin-Mineralstoff-Mischung aus dem Zoofachhandel, nach Gebrauchsanweisung verwenden.
2. Möglichkeit: Folgende selbstzubereitete Mischung (enthält alle notwendigen Stoffe):
- Bierhefeflocken:
Größere Hunde – 1 Eßl.,
alle anderen – 1 Teel.
- Ei, gekocht:
Größere Hunde – 1 Ei,
alle anderen – ¹/₂ Ei.
- Knochenmehl:
Größere Hunde – 20 g,
mittlere und kleine Hunde –
10 g, Kleinsthunde – 5 g.
- Roh und im Mixer zerkleinert:
¹/₂ Apfel,
¹/₂ Karotte,
1 Blatt Salat,
etwas Petersilie.

Menge bei kleinen Hunden etwas reduzieren.
- Alles gut vermischen.

Die Zubereitung
Gekochtes abkühlen lassen. Alle Zutaten der Hundemahlzeit gut miteinander vermischen. Darauf achten, daß der Hund nicht »aussortiert«. Pickt er sich nur die Fleischbrocken heraus, die gesamte Mahlzeit kurz in den Mixer – allerdings verschmähen manche Hunde dann das Menü.

Beikost zum Knabbern
1 bis 2mal wöchentlich (wahlweise → Seite 38).

41

Die Pflege des Hundes

Die Pflege, die Sie Ihrem Hund angedeihen lassen, ist ein Teil der Zuwendung, die Sie dem Tier entgegenbringen. Sie sorgen dafür, daß er sich wohl in seiner Haut fühlt, daß Ohren, Augen und Zähne sauber sind, daß er frei von Ungeziefer ist.

Die Fellpflege
Eine notwendige Pflegemaßnahme, die der Hund genießt, wenn man es richtig macht.
Wichtig: Bereits den jungen Hund spielerisch und vor allem nie ungeduldig an die regelmäßige Fellpflege gewöhnen.
Kurzhaarhunde (zum Beispiel Boxer, Pinscher, Kurzhaardackel): Einmal wöchentlich den ganzen Körper bürsten. Während des Fellwechsels öfter. Am besten einen Naturborstenstriegel oder -handschuh nehmen. Nach dem Bürsten das Fell mit einem Ledertuch abreiben, dann glänzt es schön.
Stockhaarige (wie Deutscher Schäferhund) und langhaarige Hunde (wie Malteser, Collie, Bobtail): Fell zuerst vorsichtig mit einem großzinkigen Metallkamm auskämmen. Ist das Fell sehr lang und seidig (zum Beispiel Shi Tzu) muß mit einem feinen Kamm nachgekämmt werden. Anschließend mit einer langborstigen Bürste nachbürsten. Bei sehr dichtem Haarkleid (Bobtail) empfiehlt sich eine kräftige Drahtbürste oder eine Kardätsche mit gebogenen Drahtzinken.
Wichtig: Niemals am Haar reißen, Knoten vorsichtig mit den Fingern auflösen. Stark verfilzte Knoten mit der Schere abschneiden. Aufpassen, daß Sie dabei dem Hund nicht in die Haut schneiden! Größere Verfilzungen besser im Hundesalon oder vom Tierarzt entfernen lassen.
Zusätzliche Haarpflege im Hundesalon: Lockige Hunde (Pudel) müssen 2- bis 3mal im Jahr geschoren werden. Draht- und Rauhhaarrassen (Airedale Terrier, Foxterrier, Rauhhaardackel, Schnauzer) sollten etwa alle 4 Monate getrimmt werden. Hierbei wird abgestorbenes Haar mit der Hand und dem Trimmesser herausgezupft, das übrige Haar wird in Fason geschnitten. Als »Hundeanfänger« sollten Sie Scheren und Trimmen nur vom Fachmann im Hundesalon vornehmen lassen.

Utensilien für die Fellpflege (von oben nach unten): doppelseitige Bürste, grobzinkiger Kamm und Naturborstenstriegel.

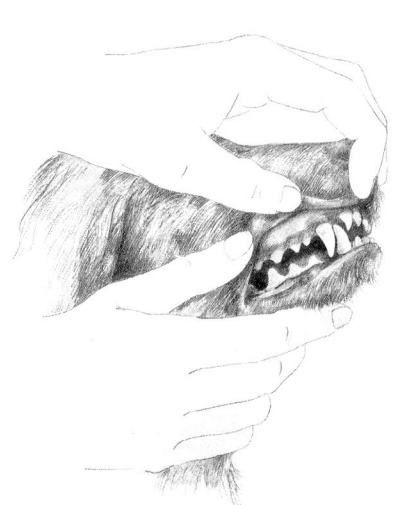

Schauen Sie Ihrem Hund einmal im Monat ins Maul. Hat sich Zahnstein gebildet oder ist ein Zahn beschädigt, sollten Sie zum Tierarzt gehen.

Wann ist ein Bad nötig?

Grundsätzlich dann, wenn der Hund stinkt und dreckig ist. Beim Baden gilt:
- Rückfettendes Hundeshampoo verwenden.
- Eine rutschfeste Matte ins Becken oder in die Wanne legen.
- Behutsam mit der Brause arbeiten, den Kopf zuletzt naß machen und dabei die Ohren und die Augen mit der Hand schützend abdecken.
- Nach dem Bad den Hund trockenrubbeln, kämmen, dann entweder das Fell fönen (empfehlenswert beim Yorkshire) oder in einem gut warmen Raum trocknen lassen.

Augenpflege

Vor allem bei Rassen mit »Glubschaugen«, wie zum Beispiel dem Chihuahua, und Hunden mit hängenden Augenlidern, wie dem Basset, ist es nötig, täglich das Augensekret zu entfernen. Mit einem weichen, unparfümierten Papiertaschentuch wischt man vorsichtig die Augenwinkel aus. Besorgen Sie sich »Augentrost« in der Apotheke und feuchten Sie das Tuch damit an. Das alte Naturheilmittel beruhigt die gereizten Augen und löst verkrustete Tränenflüssigkeit auf.

Ohrenpflege

Schauen Sie Ihrem Hund regelmäßig in die Ohren: Ist zuviel Ohrenschmalz sichtbar, ist eine Reinigung notwendig. Nehmen Sie dazu ein weiches Papiertuch, träufeln Sie etwas Babyöl darauf und wischen Sie das Ohr aus. Von einer Reinigung mit Wattestäbchen rate ich ab, da Verletzungsgefahr besteht.
Gehen Sie zum Tierarzt, wenn Sie folgendes bemerken:
- Schwarz-braunes, relativ trockenes Sekret im Ohr (Ohrenmilben).
- Übermäßig viel Ohrenschmalz.
- Die Haut ist gerötet und heiß.

Regelmäßige Ohrenpflege ist wichtig. Träufeln Sie etwas Babyöl auf ein weiches Papiertuch und wischen Sie damit die Ohren behutsam aus.

- Der Hund schüttelt auffallend häufig den Kopf und kratzt sich übermäßig am Ohr (Entzündung oder Fremdkörper im Ohr).

Gebißkontrolle

Schauen Sie Ihrem Hund mindestens einmal im Monat ins Maul. Entdecken Sie Zahnstein, sollte er vom Tierarzt entfernt werden:
Zum Tierarzt müssen Sie auch:
- Wenn der Hund aus dem Maul stinkt.
- Wenn ein Zahn abgebrochen ist oder das Zahnfleisch entzündet ist.
- Bei übermäßigem Speichelausfluß, vor allem mit Blutbeimengung.

Krallenpflege

Am besten lassen Sie die Krallen bei der Routineuntersuchung oder bei der Impfung gleich vom Tierarzt mit anschauen. Das Krallenschneiden erfordert Erfahrung, die Verletzungsgefahr ist groß und der Laie sollte die Finger davon lassen.

Zecken und Flöhe entfernen

Wer einen Hund hat, muß sich daran gewöhnen, daß er ab und zu auch Zecken und Flöhe zu Gast hat.

Zecken treten besonders im Frühsommer häufig auf. Sie können damit rechnen, daß der Hund von jedem Spaziergang einige mitbringt. Auch wenn man das Fell gleich nach diesen winzigen »Blutsaugern« untersucht, entdeckt man sie meist erst, wenn sie etwas größer geworden sind.

Zecken entfernen Sie am besten so:
- Wattebausch mit Alkohol oder Speiseöl tränken.
- Die Zecke damit einige Minuten lang abdecken.
- Zecke mit zwei Fingern, einer Pinzette oder einer Zeckenzange (Zoofachhandel) gegen den Uhrzeigersinn herausdrehen. Darauf achten, daß der Kopf nicht steckenbleibt, sonst entzündet sich die Stelle.

Wichtig: Zecken können zwar die für den Menschen gefährliche FSME nicht auf den Hund übertragen, jedoch kann der Hund durch infizierte Zecken Borreliose, eine Haut- und Gelenkerkrankung, bekommen.

Flöhe kann der Hund zu jeder Jahreszeit bekommen. Entdecken Sie beim Bürsten einen Floh oder Flohkot – kleine dunkle Punkte, die auf feuchtem Papier oder weißem Tuch rote Flecken hinterlassen, hilft nur:
- Den Hund mit einem Spezialschampon baden oder ihn am ganzen Körper einpudern.
- Die Decken, auf denen er schläft, waschen, das Körbchen und Teppiche in seiner Nähe einpudern.
- Die Behandlung hat nur Erfolg, wenn man sie im Abstand von einer Woche mindestens dreimal vornimmt.
- Mittel gegen Flöhe gibt es im Zoofachhandel oder in der Apotheke. Gute Erfahrungen habe ich mit biologischen

Deutscher Schäferhund, 9 Wochen alt – ein gelehriger, mutiger Hund, der viel Bewegung, eine gute Erziehung und Arbeit auf dem Übungsplatz braucht.

Mitteln wie »Pistal 5 Spezial« gemacht.

Wichtig: Flöhe sind nicht nur lästig, sie sind auch Zwischenwirte von Bandwürmern, die der Hund bekommen kann, wenn er einen Floh frißt. Daher muß bei Flohbefall auch entwurmt werden.

Floh- und Zeckenband

Vorbeugend können Sie Ihrem Hund ein Ungezieferhalsband umlegen, das gegen Zecken und Flöhe hilft (im Zoofachhandel erhältlich). Ich empfehle aber, das Band dem Hund nur beim Aufenthalt im Freien, also beim Spaziergang oder im Garten, anzulegen. Dies ist deshalb ratsam, da das Ungeziefermittel, das auf dem Band ist, sich auf dem Fell des Hundes verteilt und der Hund beim Fellputzen etwas davon aufnimmt. Der Zoofachhandel bietet auch ein sogenanntes Bio-Band an, das ätherische Öle enthält, es soll auch helfen.

Abzuraten ist von den Tabletten und Tinkturen, die manche Tierärzte empfehlen. Sie vergiften das Blut des Hundes derartig, daß die Blutsauger daran eingehen. Nicht auszudenken, wie die Leber und andere Organe des Hundes durch diese permanente Vergiftung belastet werden.

Afghane, 15 Monate alt. Diese schöne Windhundrasse ist nicht einfach zu erziehen.

Gesundheitsvorsorge und Krankheiten

Ein Hund kann nicht sagen, wo es ihn drückt. Die Beobachtung des Hundes, das Registrieren von Veränderungen im Verhalten und im Äußeren, gehört daher zu den Pflichten dessen, der für das Tier die Verantwortung übernommen hat. Fast alle Krankheiten gehen mit Apathie – also mit Lustlosigkeit, fehlender Freude am Spiel oder am Spaziergang – und Appetitlosigkeit einher. Wie Sie weitere Verhaltensäußerungen deuten können und auf welche Krankheiten sie hinweisen können, entnehmen Sie der Tabelle auf den Seiten 50 und 51. Schieben Sie den Gang zum Tierarzt nicht zu lange auf, gehen Sie lieber einmal zuviel als zuwenig. Wichtig: Die auf Seite 47 aufgeführten Wurmkuren und Impfungen sind unentbehrliche Vorsorgemaßnahmen.

Was Sie als Hundebesitzer können sollten
Der Tierarzt ist auf Ihre Mithilfe angewiesen, nicht nur bei der Beschreibung der Symptome, sondern auch wenn es darum geht, dem Hund Medizin einzugeben und Fieber zu messen.

<u>Dem Tierarzt Beobachtungen mitteilen:</u>
Je besser Sie beschreiben können, was Ihnen am Verhalten des Hundes aufgefallen ist, umso leichter und sicherer kann der Arzt seine Diagnose stellen. Folgende Fragen sind von Interesse:
● Wann und was hat der Hund zuletzt gefressen?
● Wie ist der Kot beschaffen? Dünnflüssig, zu fest, kommt gar kein Kot? Welche Farbe hat der Kot? Hell, schwarz? Ist er übelriechend? Mit Blut versetzt?
● Hat der Hund gebrochen, würgt er Schleim heraus?
● Ist Ihnen sonst etwas aufgefallen, was nicht der Normalität entspricht?

<u>Fiebermessen</u>
Die normale Körpertemperatur des Hundes liegt zwischen 38 und 39 Grad Celsius. Werte, die unter oder über (Unter- oder Übertemperatur) dieser Marke liegen, können auf Krankheiten hinweisen.

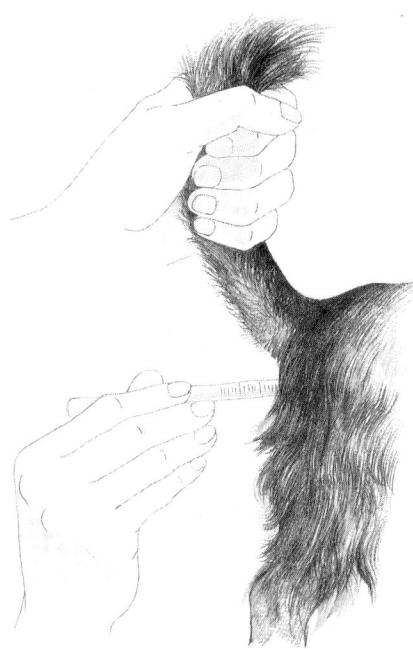

Beim Fiebermessen den Schwanz hochnehmen und gut festhalten.

So messen Sie richtig (→ Zeichnung Seite 46):

• Verwenden Sie ein schnell anzeigendes, unzerbrechliches Kinder-Fieberthermometer mit Digitalanzeige. Thermometer nur für den Hund verwenden!

• Fetten Sie das Thermometer vorne mit etwas Vaseline oder Speiseöl ein.

• Eine Hilfsperson hält den Kopf des Hundes in der Armbeuge fest und redet ihm beruhigend zu.

• Heben Sie die Rute des Tieres hoch und führen Sie das Thermometer etwa 2 cm tief in den After ein.

• Lassen Sie es etwa 60 Sekunden stecken und halten Sie den Hund solange ruhig. Sehr praktisch sind Digitalthermometer, die mit einem Piepston das Ende der Messung signalisieren.

Medizin eingeben

Ein gut erzogener Hund sollte sich jederzeit das Maul öffnen lassen. Fassen Sie seinen Oberkiefer mit einer Hand und drücken Sie sanft den Unterkiefer herunter. Beißt der Hund die Zähne zusammen, dann drücken Sie ihm leicht die Lefzen gegen die Zähne.

• Tabletten rollen Sie am besten in Fleischröllchen ein. Geht das nicht, müssen Sie die Tablette möglichst weit hinten auf die Zunge des Hundes legen, ihm dann das Maul zuhalten und kontrollieren, ob er es nicht doch geschafft hat, die Tablette wieder auszuspucken. Bei flachgesichtigen Hunden (Pekinese, Mops) aufpassen, daß Sie nicht die Nasenlöcher zuhalten.

Wichtige Vorsorgemaßnahmen

Auf die Wurmkuren und Impfungen dürfen Sie niemals verzichten, sie sind die wichtigsten Vorsorgemaßnahmen für die Gesunderhaltung Ihres Hundes und außerdem Schutz für Ihre eigene Gesundheit!

Wurmkuren

Die Entwurmungen sind nötig, um Ihren Hund gesund zu erhalten.

Entwurmt wird im Alter von:
• 4 Wochen,
• 6 Wochen,
• 8 Wochen (anschließend 1. Impfung),
• 12 Wochen (anschließend 2. Impfung,
• 6 Monaten,
• 9 Monaten,
dann 2mal im Jahr entwurmen. Eine Entwurmung immer so terminieren, daß sie jeweils vor der Impfung liegt (→ Impfplan, rechts), weil der Hund bei der Impfung gesund sein muß.

Impfplan

Um den Hund vor tödlichen Krankheiten zu schützen, muß man ihn unbedingt impfen lassen. Die Impfungen werden in den Impfpaß eingetragen, den Sie beim Kauf des Hundes erhalten.
Wichtig: Vor jeder Impfung muß der Hund entwurmt werden (→ Wurmkuren, links).
Geimpft wird der Welpe im Alter von:
• 8 bis 9 Wochen gegen Staupe, Hepatitis, Leptospirose, Parvovirose.
• 12 bis 14 Wochen gegen Staupe, Hepatitis, Leptospirose, Parvovirose und Tollwut.

Danach jährlich abwechselnd wird der erwachsene Hund so geimpft:
• 1. Jahr: 3fach-Impfung gegen Leptospirose, Parvovirose, Tollwut (der Impfschutz gegen Staupe und Hepatitis hält 2 Jahre).
• 2. Jahr: 5fach Impfung gegen Staupe, Hepatitis, Leptospirose, Parvovirose und Tollwut.
• 3. Jahr: 3fach-Impfung.
• 4. Jahr: 5fach-Impfung, und so weiter.

• Wenn Sie flüssige Medizin verabreichen müssen, lassen Sie sich vom Tierarzt eine Einwegspritze (ohne Nadel natürlich!) mitgeben. Ziehen Sie die flüssige Medizin damit auf und spritzen Sie sie dem Hund seitlich ins Maul.

Gesundheitsfallen für den Hund

Ihnen hier einige Situationen aufzuzeigen, die der Gesundheit Ihres Hundes gefährlich werden können, erscheint mir wichtiger als eine Beschreibung der gefährlichen Hundekrankheiten, gegen die Ihr Hund sowieso geimpft sein muß. Gras fressen: Das ist an sich eine ganz natürliche Sache und war völlig ungefährlich für den Hund, bevor wir unsere Felder mit Pestiziden und Herbiziden verseucht haben. Gräser, die in der Nähe solcher Agrarflächen stehen, sind oft so belastet, daß Hunde nach ihrem Genuß ernsthaft krank werden. Lassen Sie den Hund also in der Nähe von Feldern kein Gras fressen.

Fremdkörper verschlucken: Vor allem Welpen sind gefährdet. Hier gilt das gleiche wie bei Kindern: Lassen Sie den Kleinen nicht zu lange unbeaufsichtigt. Auch erwachsene Hunde verschlucken manchmal Dinge, die nicht in den Hundemagen gehören oder leiden an Knochen, die im Rachen oder zwischen den Zähnen steckengeblieben sind. Würgen, Speicheln, Husten, Erbrechen können Anzeichen dafür sein.

Gift fressen: Nicht nur böse Mitmenschen sind es, die dem Hund manchmal ein vergiftetes Stück Fleisch über den Zaun werfen, Gift kann er auch in Parks und öffentlichen Anlagen erwischen, wo Ratten bekämpft werden. Gewöhnlich warnen grellfarbige Anschläge, wenn Gift ausgelegt wurde. Nehmen Sie den Hund dann unbedingt an die Leine! Auf diesen Zetteln steht auch die Art des Giftes, und diese Information ist wichtig, wenn er wirklich etwas erwischt hat. Der Tierarzt weiß dann, welches Gegenmittel – vielleicht – hilft. Erste Anzeichen einer Vergiftung sind starkes Speicheln, Erbrechen und Durchfall, eventuell mit Blut. Unverzüglich zum Tierarzt oder in die Notaufnahme der Tierklinik!

Schnee: Er birgt für den Hund Gefahren. Er tobt, wälzt sich im kühlen Naß und frißt dann noch eine gute Portion von dem eisigen Zeug. Erkältung, Magen- und Darmprobleme können die Folge sein. Lassen Sie den Hund keinen Schnee fressen und werfen Sie keine Schneebälle zum Fangen. Lenken Sie ihn mit einem Ballspiel ab. Nach dem Schneespaziergang den Hund zu Hause gut trockenrubbeln.

Der Yorkshire-Mischling muß jeden Tag gebürstet werden.

Ein bißchen Angst hat der Vierjährige vor dem großen Hund, obwohl dieser Kinder über alles liebt.

Vorbeugend gegen rissige Pfoten und zum Schutz gegen Streusalz können Sie Pfoten vor dem Spaziergang mit Vaseline einfetten.

<u>Beißerei:</u> Darin kann jeder Hund mal verwickelt werden. Während bei den hellen Kurzhaarhunden Bißwunden sofort deutlich sichtbar sind, passiert es bei langhaarigen Wuschelhunden immer wieder, daß auch tiefe Wunden unentdeckt bleiben. Die Dolchzähne des Hundes können sehr tief eindringen, schmerzhafte Entzündungen sind die Folge. Untersuchen Sie Ihren Hund daher nach jeder ernsthaften Beißerei gründlich auf Verletzungen. Gehen Sie im Zweifelsfall zum Tierarzt. Vielleicht muß die Wunde operativ versorgt werden, damit kein Abszeß entsteht.

49

Hunde, die an einer Wunde oder an einem Verband ständig knabbern, kann man durch solch eine Haube daran hindern.

Mit einer Pinzette können Sie Zecken entfernen.

Gesundheitsstörungen

Das fällt auf	Mögliche Ursachen, bei denen Sie selbst Abhilfe schaffen können
Trinkt nicht	Genug Feuchtigkeit im Futter
Trinkt viel	Überhitzung nach Rumtoben, hat viel Trockenfutter gefressen
Durchfall	Zuviel Milch, kaltes Futter, Schnee gefressen, plötzliche Futterumstellung, Stress
Erbrechen	Hat Gras gefressen, hat zu gierig gefressen, Sodbrennen
Husten	Verschlucken, vor allem bei gierigem Wassertrinken
Mundgeruch	Kot, Aas oder anderes Übelriechendes gefressen
Blähungen	Überwiegende Fleischfütterung, plötzlicher Futterwechsel, verträgt Futtersorte nicht
Pressen ohne Kot oder Urinabsatz	Verstopfung durch mangelnde Bewegung, zuviel Trockenfutter ohne ausreichendes Trinken, zuviele Knochen, Wehen
Schweratmigkeit	Hecheln bei Überhitzung, Anstrengung oder Aufregung

Alarmzeichen, wenn diese Symptome hinzukommen	Mögliche Diagnose und Behandlung durch den Tierarzt
Speicheln, Fehlschlucken, Husten, Würgen	Fremdkörper (Knochen) im Schlund; Schlundlähmung (Tollwut), Schlunderweiterung: Sofort zum Tierarzt!
Erbrechen und Untertemperatur	Nierenschaden (mit Urämie)
Apathie, Taumeln, Untertemperatur	Zuckerkrankheit
Bei der Hündin: Erbrechen, Fieber, Apathie, eventuell Scheidenausfluß	Gebärmuttervereiterung
Blut im Kot, Erbrechen	Wurmbefall, Magen-Darminfektion, Leber- und Bauchspeicheldrüsenerkrankung, Vergiftung: Sofort zum Tierarzt!
Bei weiß-gelblichem oder blutigem Schleim	Gastritis, Fremdkörper im Magen, Leber- oder Nierenerkrankung, Vergiftung: Sofort zum Tierarzt!
Apathie, Durchfall, hohes Fieber	Schwere Virusinfektion (Staupe, Parvovirose): Sofort zum Tierarzt!
Frißt nicht, kein Kot, verspannter Bauch	Fremdkörper im Darm: Sofort zum Tierarzt!
Trockener Husten mit Schleimwürgen	Mandel-, Rachen- oder Kehlkopfentzündung (Zwingerhusten)
Trockener Reizhusten mit Würgen und teils blutigem Schleim	Fremdkörper oder Tumor im Rachen: Sofort zum Tierarzt!
Eitrige Bindehaut- und Nasenentzündung, Schweratmigkeit, Fieber	Erkältungserkrankung, Bronchitis, Lungenentzündung (eventuell Staupe): Sofort zum Tierarzt!
Feuchter, tiefer Husten, Schweratmigkeit	Herzfehler mit Lungenstau (Herzasthma), Lungenödem: Sofort zum Tierarzt!
Speicheln, eventuell mit Blut	Zahnstein, Paradontose, eitriger Zahn, Fremdkörper (Knochen) oder Tumor im Maul
Erbrechen, übermäßiges Trinken, urinöser, fauliger Mundgeruch	Gastritis, schwere Nierenerkrankung mit Urämie
Durchfall, heller pastiger Kot Vor allem beim großen Hund: Schleimwürgen, ballonartig aufgedunsener Bauch, totale Apathie, stöhnende Atmung	Chronische Bauchspeicheldrüsen- oder Lebererkrankung Magendrehung: Sofort zum Tierarzt, muß innerhalb von 4 Stunden operiert werden!
Blutiger Schleim oder Blut aus dem After	Knochenkotverstopfung (Knochensplitter im Enddarm): Sofort zum Tierarzt!
Blutiger Urin oder Harnträufeln	Harnröhren- oder Blasensteine: Sofort zum Tierarzt!
Fieber, Husten, Niesen	Erkältung, Infektion der Atemwege (Zwingerhusten)
Tiefer, feuchter Husten, Herzjagen	Herzfehler mit Lungenstau (Herzasthma), Lungenödem: Sofort zum Tierarzt!
Pumpendes Atmen mit Bauchpressen	Lungen- oder Zwerchfellriß nach Unfall: Sofort zum Tierarzt!
Blasse Schleimhäute, Herzjagen	Innere Blutung nach Unfall oder Vergiftung: Sofort zum Tierarzt!

Den Hund verstehen lernen

Vom Wolf zum Haushund

Der Hund *(Canis familiaris)* gehört zu der großen Familie der Caniden, dazu zählen auch Wölfe, Schakale, Kojoten und Füchse. Früher nahm man an, daß mehrere Caniden-Arten als Vorfahren des Hundes eine wichtige Rolle spielten. Heute geht man davon aus, daß allein der Wolf der Stammvater des Hundes ist.

Fest steht, daß die Freundschaft zwischen Mensch und Hund vor rund 12 000 Jahren begann. Der Hund ist unser ältestes Haustier. Die Hundehaltung brachte den Menschen eine ganze Reihe von Vorteilen. Als Rudeltier war es der Wolf gewohnt, sich in eine soziale Rangordnung einzufügen. Dadurch brachte er die besten Voraussetzungen mit, um den Menschen als Anführer anzuerkennen und sich von ihm erziehen und ausbilden zu lassen. Der Hund, der besser hört, besser riecht und schneller ist als der Mensch, wurde zum unentbehrlichen Helfer bei der Jagd, er bewachte Ansiedlungen und hütete das Vieh.

Die Entstehung der Rassen

Je vielfältiger und anspruchsvoller die Aufgaben wurden, die der Hund zu erfüllen hatte, desto mehr war der Mensch gezwungen, »Spezialisten« heranzuzüchten. Hierzu wurden Tiere mit bestimmten Wesensmerkmalen und körperlich günstigen Voraussetzungen solange miteinander gepaart, bis man glaubte, den geeigneten Hundetyp gefunden zu haben. Dies waren die Anfänge der Zuchtgeschichte und der

Ursprung fast aller heute bekannten Hunderassen. Allerdings waren die Hunde einer Rasse früher noch sehr uneinheitlich im Erscheinungsbild. Erst Ende des vorigen Jahrhunderts, als die ersten Hundeausstellungen stattfanden, legte man sogenannte »Standards« fest, das sind genaue Beschreibungen des idealen Typus (Erscheinungsbild und Wesen) einer Rasse. Es ist für den Hundebesitzer heute nicht unwesentlich, zu wissen, wofür die Rasse, für die er sich entschieden hat, gezüchtet wurde oder welche verschiedenen Rassen in seinem Mischlingshund stecken. Denn die Eigenschaften und der Körperbau, die einer bestimmten Rasse angezüchtet wurden, werden weitervererbt. Hütehunde zum Beispiel, wie Collie, Bobtail, Sheltie, Bearded Collie, bringen aufgrund ihrer ererbten Eigenschaften ideale Voraussetzungen mit für das Leben in einer Familie, in der auch noch andere Haustiere sind. Sie jagen weder die Haustiere noch draußen das Wild – ein Hütehund durfte ja die Herde nie verlassen. Und sie haben einen ausgeprägten Instinkt, die Familie, sprich ihre »Herde«, zusammenzuhalten. Auch wer sich ein gefügiges Schoßhündchen wünscht, sollte sich informieren: Der Yorkshire Terrier, klein

Westhighland White Terrier, 8 Wochen alt – ein temperamentvoller, lustiger Hund, der wie alle Terrier sehr konsequent erzogen werden muß.

Akita-Inu, 2 Jahre alt.
Der aus Japan stammende Inu muß mit Feingefühl und Hundeverstand erzogen werden.

und hübsch wie er ist, wurde als Rattenhund und Kaninchenfänger gezüchtet und ist noch heute mit dem häufig unterschätzten Durchsetzungswillen aller Terrierrassen ausgestattet.

Das Liebesleben des Hundes

Damit werden Sie sich auseinandersetzen müssen, gleichgültig, ob Sie einen Rassehund oder einen Mischling besitzen.

Kippohren in »Ruhestellung«.

»Horchstellung« – Hunde können ihre Ohren nach der Geräuschquelle ausrichten.

Was Sie über die läufige Hündin wissen sollten

Die Hündin ist gewöhnlich zweimal im Jahr paarungsbereit, meist im Frühjahr und im Spätsommer/Herbst; man spricht dann von »Hitze«, »Brunst« oder »Läufigkeit«. Zum ersten Mal in ihrem Leben wird sie läufig, wenn sie geschlechtsreif ist; der Zeitpunkt ist – je nach Rasse – sehr unterschiedlich. Bei einigen frühreifen Kleinsthunden kann es schon im Alter von 6 Monaten so weit sein. Bei Spätentwicklern (meist den Großen) tritt die erste Läufigkeit erst mit 12 Monaten oder noch später ein.

Nicht alle Hunde werden alle halbe Jahre läufig. Manchmal liegt ein 4- bis 8-monatiger Abstand zwischen den Phasen der Hitze, manche Hunde sind nur einmal im Jahr paarungsbereit.

Phasen und Verlauf der Läufigkeit

Will man verhindern, daß die Hündin schwanger wird, muß man den Ablauf der Läufigkeit kennen und beobachten. Die Vorbrunst dauert etwa 10 Tage. Erste Anzeichen einer beginnenden Läufigkeit: Die Hündin wird unruhig. Sie leckt sich häufiger, aus der Scheide tritt erst ein klarer, später ein blutiger Ausfluß. Beim Spazierengehen setzt die Hündin vermehrt Harn ab und lockt durch ihre Duftstoffe alle Rüden der Umgebung an. Doch wehrt sie ihre

Verehrer noch ab. Das ändert sich etwa ab dem 10. Tag. Die Hündin tritt in die Hochbrunst.

Während der Hochbrunst, die etwa 7 bis 8 Tage dauert, ist die Hündin paarungsbereit. Jetzt sucht sie einen Freier, bleibt stehen, wenn er sich nähert und biegt den Schwanz zur Seite. In diesen Tagen heißt es aufpassen, wenn man keinen Hundenachwuchs will. Am besten führt man die Hündin nur kurz hinaus, damit sie ihr Geschäft machen kann, man läßt sie nicht von der Leine, und auch im Garten darf sie nicht unbeaufsichtigt beleiben. Bitten Sie die Halter von Rüden, ihren Hund anzuleinen. Nach der Hochbrunst klingt die Läufigkeit aus. Die Hündin wirkt zwar immer noch sehr verlockend auf Rüden, sie läßt sie aber nicht mehr an sich heran.

Was tun, wenn die Hündin gedeckt wird?

Es ist ein Teil des Zeugungsaktes, daß Hündin und Rüde zusammenhängen: Der Penis schwillt an und die Vaginalmuskeln ziehen sich zusammen. Erst nach 15 bis 30 Minuten kommen die Tiere wieder frei. Auf keinen Fall dürfen Sie die Tiere vorher auseinanderreißen – es wäre sowieso zu spät. Ein gewaltsames Auseinanderreißen kann die Tiere verletzen, außerdem ist es schmerzhaft.

Was tun, wenn Sie keinen Nachwuchs wollen?

Wenn geschehen ist, was nicht sein sollte, gehen Sie am besten gleich zum Tierarzt. Er kann der Hündin eine Hormonspritze geben, die abtreibende Wirkung hat. Aus gesundheitlichen Gründen sollte man auf diese Möglichkeit aber wirklich nur im Notfall zurückgreifen. Besser ist es, sich rechtzeitig zu überlegen, wie man eine Schwangerschaft verhindern kann.

Eine Hormonbehandlung durch den Tierarzt, die die Läufigkeit verhindert, ist möglich, aber nicht zu empfehlen, da die Folge häufig Gebärmutterentzündungen sind.

Eine Sterilisation, das ist die Unterbindung der Eileiter, verhindert zwar die Befruchtung, nicht aber alle Nebenwirkungen der Hitze und die Scheinschwangerschaft und ist daher nicht empfehlenswert.

Die beste Lösung ist eine Kastration, das ist die Entfernung der Eierstöcke. So ein Eingriff schadet der Gesundheit der Hündin nicht, im Gegenteil: Man beugt damit altersbedingten Gebärmuttererkrankungen vor und verhindert Scheinschwangerschaften. Die Hündin lebt streßfreier, sie sollte allerdings etwas weniger zu fressen bekommen, da sie nach der Kastration mehr ansetzt.

Kastration des Rüden

Viele Hundebesitzer und sogar Tierärzte scheuen vor diesem Eingriff, bei dem die Hoden des Rüden entfernt werden, zurück. Medizinisch gibt es dafür keinen Grund, im Gegenteil, man beugt Prostataproblemen vor, die im Alter relativ häufig auftreten. Auch ist es ein Vorurteil, daß kastrierte Rüden langweilig wie Schlaftabletten werden. Sie werden auch nicht dick, wenn man etwas weniger füttert. Wenn Ihr Rüde ruhig und ausgeglichen ist, gibt es keinen Anlaß, ihn zu kastrieren.

Bei folgenden Anzeichen hingegen würde ich eine Kastration empfehlen:
- Gesteigerte Rauflust anderen Rüden gegenüber.
- Dauerndes Aufreiten am Bein des Besitzers.
- Neigung zum Streunen und Weglaufen.
- Wenn der Rüde so unter seinen unerfüllten Trieben leidet, daß er kaum noch frißt und abmagert.

Wenn Sie Nachwuchs aufziehen wollen

Um es gleich vorwegzunehmen: Der Spruch »einmal im Leben muß eine Hündin Junge haben« ist Unsinn. Wenn Sie sich entschließen, Nachwuchs aufzuziehen, dann nicht aus diesem Grund. Überhaupt sollten Sie sich die Entscheidung gut überlegen, denn um einen Wurf junger Hunde aufzuziehen, braucht man nicht nur viel Erfahrung mit Hunden, sondern auch sehr viel Zeit. Sie können davon ausgehen, daß Sie von der Geburt bis zur Abgabe, die frühestens nach 8 Wochen erfolgen kann, im Dauereinsatz sind. Auch sollten Sie sicher sein, daß Sie für die jun-

Beim Deckakt bleiben Rüde und Hündin 15 bis 30 Minuten aneinanderhängen. Nie gewaltsam trennen!

gen Hunde wirklich gute Plätze finden. Wenn Sie sich entschlossen haben, kleine Hunde aufzuziehen, empfehle ich Ihnen, sich durch Fachbücher kundig zu machen. Bei der Zucht mit Rassehunden können Sie sich an den Züchter Ihrer Hündin beziehungsweise an den zuständigen Rasseverein wenden.

Lieb und treuherzig – wer kann diesem Blick widerstehen?

Der Hund und seine Sinne

Daß der Hund für den Menschen eine so große Bedeutung als Wächter, Jäger oder Spürhund erlangen konnte, liegt auch daran, daß seine Sinne so ganz anders ausgeprägt sind als die des Menschen.

In der Welt der Düfte

So wie wir »Augenmenschen« sind, ist der Hund ein »Nasentier« – die wichtigsten Informationen über seine Umwelt vermittelt ihm seine Nase. Mit Hilfe seines Geruchssinns kann sich der Hund orientieren, er kann Menschen und andere Hunde an ihrem Geruch erkennen, Botschaften »lesen«, die andere Hunde an Bäumen oder Mauern hinterlassen haben. Viele der Duftbotschaften, die sich der Hund erschnüffelt, bleiben unserem Geruchssinn verschlossen. Man kann jedoch nicht sagen, daß der Hund generell besser riecht als der Mensch. Blumenduft zum Beispiel nimmt er offenbar nicht viel besser wahr als wir. Dagegen

ist sein Geruchssinn fast unübertroffen, wenn es sich um Stoffe handelt, die in seinem Leben eine wichtige Rolle spielen. Dazu gehört zum Beispiel die Buttersäure, die im Schweiß von Tier und Mensch enthalten ist. Sie riecht er eine Million mal besser als der Mensch. So kann er die Spur eines angstvoll fliehenden Tieres über lange Zeit verfolgen. Deshalb riecht der Hund auch, wenn wir Angst haben, bevor uns die Angst überhaupt bewußt wird.
Dieser feine Geruchssinn hat den Hund zum unentbehrlichen Helfer für den Menschen gemacht; Drogenhunde entdecken Rauschgift sogar dann, wenn es im Benzintank oder in Säcken mit Gewürzen versteckt ist. Lawinenhunde können Menschen riechen, die metertief unter dem Schnee liegen, Trümmerhunde finden mit Hilfe ihrer feinen Nasen noch nach Tagen Überlebende. Und die beste Spürnase, der Dobermann Pinscher »Sauer«, verfolgte einen Wilddieb 160 Kilometer weit!

Das Hörvermögen
Hunde hören vor allem die hohen Töne viel besser als der Mensch. Wir nehmen durchschnittlich 20 000 Schallschwingungen pro Sekunde (kHz) auf, der Hund kann Töne zwischen 40 000 und 100 000 Schwingungen wahrnehmen. Daher reagiert der Hund zum Beispiel auch auf die Ultraschallpfeife, die für uns lautlos ist, er kann die sehr hohen Laute von Mäusen und anderen Kleintieren hören, die ja auch zur Beute der Wölfe gehören.
Hunde mit Stehohren können diese getrennt voneinander bewegen und wie Trichter genau auf die Geräuschquelle richten. Und so, wie er sich Gerüche merkt, prägt der Hund sich auch Geräusche ein. So erkennt er vertraute Personen bereits an den

Schritten auf der Treppe und steht schon schwanzwedelnd an der Tür, lange bevor sich der Schlüssel im Schloß dreht. Bei Geräuschen, die wir gar nicht wahrgenommen haben, warnt er, und ist uns daher als Wächter unentbehrlich geworden.

Das Sehvermögen
In der Ferne nimmt der Hund selbst kleinste Bewegungen, wie zum Beispiel die einweisende Hand des Schäfers, oder sich schnell bewegende Objekte,

Grimmig – die Zeichen stehen auf Angriff.

Aufgestellte Ohren bedeuten: Selbst-sicherheit, Auf-merksamkeit und Wachbereitschaft.

wie ein davonlaufendes Kaninchen, wahr. Unbewegliche Dinge sind hinge-gen für ihn optisch kaum auszumachen. Daher bleiben viele Beutetiere auch vor dem Fluchtversuch wie angewurzelt stehen.

<u>Mein Tip:</u> Kinder oder auch Erwach-sene sollten nie vor einem fremden Hund davonlaufen, sondern ruhig ste-henbleiben. Das Weglaufen würde den Beuteinstinkt des Hundes erst recht wachrufen.

Die Hundesprache

Der Hund teilt sich den Menschen und seinen Artgenossen auf zweierlei Arten mit: durch Lautäußerungen und durch die Körpersprache.

Lautäußerungen

Hunde heulen weniger als Wölfe, dafür bellen sie mehr. Das ist eine Folge der Domestikation, der Hund wurde ja zum Wächter und Beschützer erzogen, der vor Gefahren warnen muß. Es gibt sehr bellfreudige Hunde und solche, die weniger »geschwätzig« sind. Höhe und Abfolge der ausgestoßenen Laute hän-gen vom Grad der Erregung, der Größe des Hundes und seiner ganz individuel-len Sprache ab. Doch allgemein kann man sagen:

<u>Hunde bellen</u> als Aufforderung zum Spiel, zur Begrüßung, zur Warnung, aus Unbehagen und weil die anderen Hunde bellen – jeder kennt das: Wenn ein Hund in der Nachbarschaft anfängt zu kläffen, stimmen alle anderen mit ein.

<u>Wuffen</u> ist ein tief aus der Kehle kom-mender Laut – bei noch geschlossenem Maul. Meist ertönt er, bevor der Hund bellend anschlägt.

<u>Knurren</u> ist je nach Grad der Erregung verbunden mit gefletschten Zähnen und gesträubtem Fell. Es ist ein Droh-laut, gegenüber einem Mensch oder

einem Tier. Es kann auch ein Warnlaut sein, den der Hund ausstößt, wenn er etwas Bedrohliches gehört hat.

<u>Heulen:</u> Ein langgedehnter Ton, den die Hunde ausstoßen, wenn sie sich einsam fühlen oder auf bestimmte Geräusche – Sirenen, Glocken, Musik – antworten.

<u>Kreischen und kurzes Aufjaulen</u> ist ein Zeichen von Not, Angst, Schmerz oder Schrecken.

<u>Fiepen und Winseln:</u> Diese Laute ent-stammen der Welpensprache. Welpen äußern sich so, wenn sie Hunger haben oder sich einsam fühlen. Erwachsene Hunde stoßen sie aus Kummer aus oder weil sie erfahren haben, daß sie damit Aufmerksamkeit erregen und Zuwen-dung bekommen.

Die Körpersprache

Mehr noch als durch Laute teilt sich der Hund durch seine Mimik, durch die Körperhaltung, die Rutenstellung, die Art, wie er das Fell sträubt und vieles andere mehr mit. Viele Gesten der Hundesprache, mit denen sich der Hund »seinem« Menschen mitteilt,

Die Körpersprache des Hundes

Ruhe, Entspannung   Erregung

haben ihren Ursprung in dem »Zwiegespräch« von Welpe und Hundemutter. Dazu drei Beispiele:

Das Pföteln ist eine Begrüßungs- und Beschwichtigungsgeste, die der Hund auch anwendet, wenn er um Zuwendung oder Futter bettelt: Er legt einem die Pfote aufs Knie oder reicht sie frei in der Luft. Das Pföteln ist abzuleiten vom Milchtritt, der abwechselnd tretenden Pfotenbewegung des Welpen während des Saugens an den Zitzen der Mutter.

Sich auf den Rücken legen ist eine Unterwerfungsgeste aber auch eine Vertrauensgeste.

Wirft der Hund sich während einer Auseinandersetzung mit Artgenossen auf den Rücken oder zur Seite, zieht dabei furchtsam den Schwanz ein, legt die Ohren nach hinten und zeigt seinen schutzlosen Bauch, heißt das: »Ich ergebe mich. Bitte tu mir nichts.« Dieses Verhaltensmuster lernt schon der Welpe während des Spiels im Rudel. Legt sich der Hund entspannt und wohlig auf den Rücken und rudert dabei vielleicht noch mit den Vorderbeinen, heißt das: »Bitte kraule mich.«

Daß sich der erwachsene Hund so gerne die Brust oder den Bauch kraulen läßt, stammt ebenfalls noch aus seiner Kinderzeit. Welpen werden von der Hündin auf den Rücken gelegt, damit sie den Bauch massieren und die Ausscheidungen fressen kann, um das Wurflager sauber zu halten. Für den Welpen ist dies ein wohliges Gefühl von Umsorgtwerden, das er nun als erwachsener Hund von »seinen« Menschen begehrt.

Anspringen und Gesicht ablecken: Vom Hund aus ist dies als freudvolle Begrüßung und demutsvolle Annäherung gemeint – so begrüßen schon die Welpen ihre Mutter und erbetteln Nahrung.

Auch wenn Ihnen dieses Verhalten gefällt: die meisten Menschen können sich fürs Anspringen und Abschlecken überhaupt nicht begeistern. Verbieten Sie es Ihrem Hund deshalb beizeiten, ohne ihm die Freude an der Begrüßung zu nehmen (→ Seite 27).

Hinweis: Die untenstehende Zeichnung zeigt ausdrucksstarke Körperhaltungen des Hundes.

Seitlich angelegte Ohren signalisieren Unsicherheit oder Ängstlichkeit. Zusammen mit Fellsträuben und Knurren bedeuten Angriffsbereitschaft.

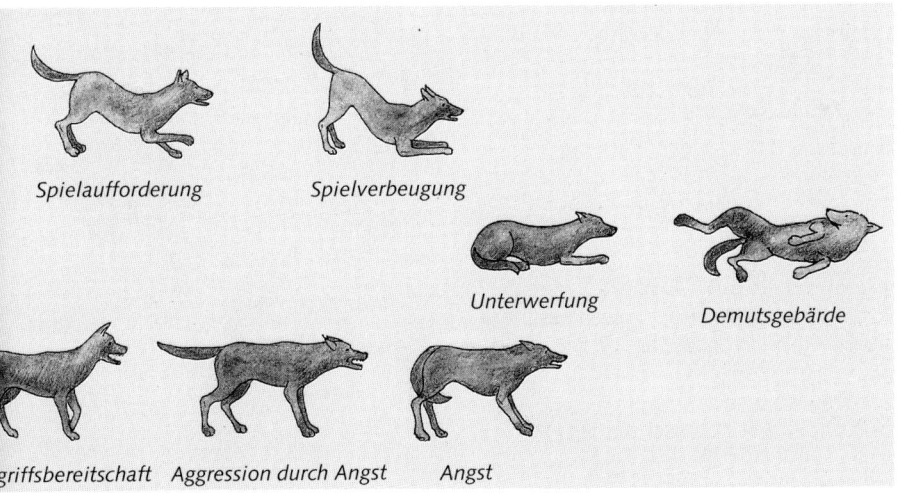

Spielaufforderung

Spielverbeugung

Unterwerfung

Demutsgebärde

griffsbereitschaft *Aggression durch Angst* *Angst*

Sachregister

Die **halbfett** gesetzten Seitenzahlen verweisen auf Farbfotos und Zeichnungen. U = Umschlagseite.

Aus Liebe und Verantwortung

Heimtiere machen nicht nur Kindern, sondern der ganzen Familie viel Freude. Und ob Hund, Hamster oder Wellensittich – wer sich einmal an den kleinen Liebling gewöhnt hat, möchte ihn nicht mehr missen. Deshalb ist es wichtig, über die Bedürfnisse der Tiere wirklich Bescheid zu wissen. Die **GU Tier-Ratgeber** – von anerkannten Autoren geschrieben – sind ideal als Helfer bei der artgerechten Haltung mit Herz und Verstand. GU Ratgeber gibt es zu allen beliebten Tierarten. Sie sind auch für Kinder geeignet, die ihr Tier selbst versorgen wollen.

Literatur

(falls nicht im Buchhandel, dann in Bibliotheken erhältlich)

Feddersen-Petersen, Dorit: *Hundepsychologie*, Kosmos, Verlag, Stuttgart

Klever, Ulrich: *Der große GU Ratgeber Hunde*, Gräfe und Unzer Verlag, München ·

Klever, Ulrich: *GU Kompaß Hunde. Die beliebtesten Hunderassen*, Gräfe und Unzer Verlag, München

Klever, Ulrich: *Knaurs Großes Hundebuch*, Droemer Knaur, München

Metzger, Christine/Streitferdt, Uwe: *Mischlinge, Hunde mit Intelligenz und Charakter*, Gräfe und Unzer Verlag, München

Reiter, Frederick: *So erzieht man seinen Hund zum Hausgenossen*, Albert Müller Verlag, Rüschlikon – Zürich

Schlegl-Kofler, Katharina: *Hunde-Erziehung mit Herz und Verstand*, Gräfe und Unzer Verlag, München

Streitferdt, Uwe: *Mein kranker Hund*, Gräfe und Unzer Verlag, München

Tortora, Daniel: *Schwieriger Hund – was nun?* Albert Müller Verlag, Rüschlikon – Zürich

Trumler, Eberhard: *Der Schwierige Hund*, Kynos Verlag, Mürlenbach

Adressen, die weiterhelfen

VDH Verband für das Deutsche Hundewesen e.V., Westfalendamm 174, D-44141 Dortmund

Österreichischer Kynologenverband (ÖKV) Johann-Teufel-Gasse 8, A-1238 Wien

FCI – Fédération Cynologique Internationale 13, Place Albert I, B-6530 Thuin

Schweizerische Kynologische Gesellschaft, Postfach 8217, CH-3001 Bern

Registrierung von Hunden

Haustier-Zentralregister für die BRD e.V. TASSO, Postfach 1423, D-65783 Hattersheim

Haftpflichtversicherung

Fast alle Versicherungen bieten in der Zwischenzeit auch Haftpflichtversicherungen für Hunde an.

Krankenversicherung

Uelzener Allgemeine Versicherungsgesellschaft AG, Postfach 2163, D-29511 Uelzen

AG7LA Haustierkrankenversicherung AG Breite Str. 6 – 8 30159 Hannover

Dank

Autorin und Verlag danken Herrn Dr. Uwe Streitferdt für die Durchsicht des Kapitels »Gesundheitsvorsorge und Krankheiten«, außerdem für das Verfassen der Tabelle »Gesundheitsstörungen«.

Die Fotografin und Autorin

Monika Wegler ist Autorin und Fotografin erfolgreicher GU Tier-Ratgeber. Sie arbeitet seit Jahren als Fotojournalistin für die Fachzeitschrift »Das Tier« und für andere deutsche und internationale Zeitschriften. Ihre Spezialgebiete sind Haltung, Pflege, Zucht und Verhalten von Hunden, Katzen und Kaninchen.

Die Farbfotos auf dem Umschlag:
Umschlagvorderseite: Kromfohrländer (Rauhhaar)
Umschlagrückseite: Kromfohrländer (Stockhaar).

Redaktionsleitung: Hans Scherz
Stellvertretende Redaktionsleitung: Renate Weinberger
Lektorat: Christine Metzger
Verfasser der Tabelle »Gesundheitsstörungen«: Dr. Uwe Streitferdt
Herstellung: Karl Schaumann
Produktion: Johannes Schmidt-Thomé
Umschlaggestaltung: Heinz Kraxenberger
Satz: Hesz Satz Repro GmbH
Reproduktion: Repro Ring GmbH
Druck und Bindung: Stürtz AG

ISBN 3-7742-1081-0

Auflage 10. 9. 8. 7.
Jahr 1999 98 97

Wichtige Hinweise

In diesem GU Ratgeber geht es um die Anschaffung und Haltung von Hunden. Autor und Verlag halten es für wichtig, darauf hinzuweisen, daß sich die Haltungsregeln des Buches in erster Linie auf normal entwickelte Jungtiere aus guter Zucht beziehen, also auf gesunde, charakterlich einwandfreie Tiere.

Wer einen erwachsenen Hund zu sich nimmt, muß sich bewußt sein, daß dieser bereits wesentliche Prägungen durch den Menschen erfahren hat. Er sollte den Hund besonders genau beobachten, auch in seinem Verhalten zum Menschen; er sollte sich auch den bisherigen Besitzer ansehen. Ist der Hund aus einem Tierheim, so kann dieses über die Herkunft des Hundes und seine Eigenheiten eventuell Auskunft geben. Es gibt Hunde, die aufgrund schlechter Erfahrungen mit Menschen in ihrem Verhalten auffällig sind, vielleicht auch zum Beißen neigen. Diese Hunde sollten nur von erfahrenen Hundehaltern aufgenommen werden.

Auch bei gutgezogenen und sorgfältig beaufsichtigten Hunden besteht die Möglichkeit, daß sie Schäden an fremdem Eigentum anrichten oder gar Unfälle verursachen. Ein ausreichender Versicherungsschutz liegt im Eigeninteresse; der Abschluß einer Hunde-Haftpflichtversicherung ist in jedem Fall dringend zu empfehlen.

Große Rassehunde

Airedale Terrier.

Bobtails, Rüde und Hündin.

Irish Setter.

Sibirian Husky.

Collie (rechts) und 2 Shelties.